YOU CAN CHANGE YOUR PERSONALITY

性格は捨てられる

NLPセラピスト
心屋 仁之助

中経出版

はじめに

著者の私自身も「自分の性格」に苦しんでいた

こんにちは！　性格を変えるセラピストの心屋仁之助です。

あなたは、「自分で自分の性格を変えられる」ということをご存じですか？　この本では、あなた自身が、たいへんな努力もなく、カンタンにそんなことが可能だということをお伝えしたいと思います。

私はセラピーやセミナー活動を通じて「あなたの性格を変える」お手伝いをしています。私のところへは、自分の気持ちをいえずに困っている人や、怒りっぽい性格をなんとかしたい人、もっと積極的になりたい人、自分に自信がない人……などなど、さまざまな性格の悩みをかかえた方が相談に見えます。

著者の私自身も、かつては「なんでこんなこともできないんだ！」が口ぐせの〝怒りっぽい〟性格、〝悪い出来事はすべて人のせい！〟にしてしまう性格でした。

そのためか、日々の仕事でも私生活でも、些細なことで腹が立ち、怒ったり、スネたり、まわりの人たちを攻撃したりしながら、「周囲が思いどおりにいかない歯がゆさ」で苦しんでいました。

しかし、あとになってわかったことは、その自分の性格による立ち居ふるまいが、まるで感情の刀を振り回しているかのように、家族をはじめ、周囲の人たちすべてを深く傷つけていたということでした。

当時の私は自分のことだけで手一杯で、そんなことにはまったく気づいていませんでした。まわりの人を傷つけているのに、自分自身が被害者意識に包まれながら、

「どうして私だけがこんな目にあうんだ！」
「どうしてやつらはこんなこともできないんだ！」
「どうしてこんなにやっているのにだれも認めてくれないんだ！」
「どうして、どうして、どうして……!!」

と、すべての悪い出来事の原因を、自分以外に求めていたのです。「私は正しい。

みんなは間違っている」と。

みなさんの周囲にも、このようにいつも不平不満をいっている人はいませんでしょうか。

「劣等感を隠すために怒っていた」、それが以前の私の性格だった

いまから思えば、私は「劣等感」の塊だったのでしょう。その「劣等感」を隠すために、触れられたくないために、周囲の人を攻撃する性格をつくり、自分を苦しめていたのでしょう。

他人を責めたり攻撃したりするのは、「自分はできているモノ」についてだけでした。自分ができているから、他人を攻撃「できる」のです。自分ができて、人が「できない」ことを攻撃することで、自分のほかの部分に関する劣等感を埋め、自分の「正しさ」を証明したかったのではないかと思います。

だから、攻撃しながらも、心のなかはとても苦しい。「自分はできている」と思っている点で、「自分よりもできる人」を見ると、たちまち、たいへんな劣等感や無力

感、自分の無価値感を感じてしまうことになるわけです。

しかし、いまでは、そのような状態を乗り越えました。どのような性格になったかというと、自分でいうのもおかしいのですが、とても温厚で優しくなれました。身のまわりで起こるすべての出来事に対しても、怒りの感情が生じたときでさえ、それらのすべてに意味を見出し、価値を見出し、笑顔に変えていける性格になったのです。

初めて会った人に、当時の自分の話をすると「心屋さん、それって別の人の話じゃないですか」といわれるほどです。どうして、そんな劇的な変化が訪れたのでしょうか？ きっかけは、家族に起こった大きな事件でした……。

一冊の本と出会って目が開いた。それからは劣等感との闘い

怒りっぽい性格だった当時の私は、家族にも「正しさ」を求め、まるで部下に対するような態度で接していました。

家に帰って、片づけができていない、勉強ができていない、料理の時間が遅い、段

取りが悪い……そのように家族にも「べき」「当然」「普通」を求め続けました。そのことで、家族は常にプレッシャーを感じ、常に緊張を強いられました。そして、やがて家族はゆがみ、家族以外への攻撃という事件につながったのです。

そんなとき、偶然、一冊の本を手にしました。その本を読んで、「身のまわりに起こるすべての不快な出来事の原因はすべて自分にある！」ことに気づき、「これではいけない！」と強烈に思ったのです。以来、いままで読んだこともなかったような自己啓発の本や心理学の本などを山のように読みあさることになりました。

自分自身に問題があると気づいたあとは、ひどい劣等感との闘いでした。「なんでこんなこともできないんだ！」という言葉を、今度は他人に向けてではなく、自分に向けて投げかけるようになったからです。

そして、自分以外の人がとても輝いて見え、自分以外の他人の能力がうらやましくて、あんな能力もほしい、あんな人になりたい、あの能力さえあれば……と、できないことやないものばかりに目がいくようになりました。とうとう、

「自分はダメなんだ」

「自分は他人から好かれないんだ」

「自分は価値のない人間なんだ」

「自分といても、他人は楽しくないんだ」

「自分なんて……」


といって、世をすねたようにひとりになることが増えていきました。そしてついには、

「自分は精神的に、なにか大きな問題を抱えているのでは？」

「もしかすると、アダルトチルドレンなのではないだろうか？」

「自分の人生をリセットして、もう一度やり直したい」


などと、深く考えこむまでになってしまったのでした。

最新心理学の手法を使えば、意識的に性格は変えられる

自分自身の問題を解決するために、私はさまざまな本を読みました。しかし、そんなに急に自分が変われるはずもありませんでした。

「心のもちかたや考えかたを変えましょう」「こういうふうに考えるのはやめましょう」と本に書いてあったとしても、それができないからこそ悩んでいたのです。

こうして試行錯誤する過程で、偶然、最新心理学（NLPなど）を応用した心理療法というものに触れました。そして、それを学んでいくうちに、多くの気づきを得て、いつしか私の〝怒りっぽい〟性格や〝劣等感〟が小さくなっていきました。

そう、〝性格〟は変わるのです。その方法を知れば、変えられるのです。最新心理学の手法を使えば、意識的に性格は変えられます。

多くの人が「自分の性格なんて生まれつきのものだから変えられない」と思いこんでいます。しかし、そんなことはありません。自分自身の体験から、そう断言します。

「心理療法」という言葉からは、いまもどこか「うさんくさい」イメージがつきま

とっているような気がします。これは私も同じでしたし、自分が元気だったときは、そういったものは「メンタルな部分に問題を抱えた人だけのもの」という偏見もありました。

しかし、実際にその世界に足を踏み入れてみると、いままでの人生で体感することのできなかった新しい世界が広がっていました。さまざまな研究が進み、科学的な根拠にも優れています。自分の前の世界が一八〇度変わって見えた瞬間でした。

私がかつて〝怒りっぽい〟性格だったときは、ある大手企業のマネジャーでした。しかし、心理療法と出会い、自分自身の性格も変わる体験をしてからは、その職を投げうち、いま心理療法家としての活動を始めています。それは、性格が変わっていく過程で、「性格が変わる」という成果だけでなく、「天職を見つける」という思わぬ副産物までも得ることができたからです。

あなたにも、あきらめていたこと、やりたかったことを、我慢せずにできるようになってほしいのです。この本を読んで、ほんの一歩でも足を前に進めたなら、あなたの人生の風向きが変わり、大きく変化する可能性があるのですから。

同時に私は、偏見をもたれがちな心理療法の世界を、多くの人に親しんでもらえるオープンなものにできたら、どんなにすばらしいことだろうと考えています。そんな思いで、日々、セミナーの開催やメールマガジンの発行、ミュージシャンとのコラボレーションなどを通じて活動していましたが、今回とうとう、本書の執筆をするにいたりました。

私はこの本を通じ、ひとりでも多くの方の助けとなりたいと願っています。みなさんもどうか、生まれ変わった自分を体感し、すがすがしい毎日を送ってください。このすばらしい世界を少しでも多くの方に知っていただけたら、本当に幸せです。

心屋　仁之助

二〇〇八年六月

目次

第4章 セルフカウンセリングで性格を変える

第5章 7パターンのセラピーで性格を変える

本文イラスト／中山　成子

第1章

心の問題を解決できる人、できない人

1 性格を変えるまえに、まず知っておきたいこと

セラピーに来る人には、3つのパターンがある

私は、心理療法家として、性格についてのさまざまな悩みに向きあってきましたが、その解決をお手伝いする間に気づいた点があります。

それは、勇気を出してセラピーに足を運んできてくれた人のなかにも、問題が解決する人・しない人がいることです。それを簡単にまとめると、次のようになります。

❶状況の変化をひたすら待つ人　→　問題が解決しない人
❷だれかに解決してほしい人　→　問題が解決しない人
❸素直に行動する人　→　問題が解決する人

「性格を変える」ということを始めるまえに、まず、このことを知っておいてください。心の問題を解決できる人と解決できない人がいるのです。このことをイメージとしてつかんでもらうために、ここでひとつ例をあげてみたいと思います。

テーブルの向こうにある果物を「どうやって手にする」のか

椅子に腰掛けているあなたが、「テーブルの向こう側にある果物を食べたいけれど、届かない」と考えているとしましょう。これが「問題」です。その場合、あなたは椅子から立ち上がり、果物のそばに行き、手を伸ばして取りあげる必要があります。

私がお手伝いできるのは、あなたのかわりに果物を取って手渡すことではありません。私にできるのは、あなたが椅子から立ち上がること、果物のそばに歩みよること、手に取ること、これらの方法を提案もしくは気づいてもらうことなのです。ここで素直に自ら行動できる人が、食べたい果物を手にすることができるのです（❸）。

人は思いつめてしまうと、どうしても視野が狭くなり、柔軟な思考であれこれとさまざまな可能性を探ることができにくくなります。「椅子から立ち上がれば歩いて行けるのに、それが思い浮かばずに苦しむ」「数歩、歩けば果物に手が届くのに、それが思い浮かばずに悩む」……。

それに対して、「こんな方法がありますよ！」と提案することで、「そうか、簡単なことだな」「自分にもできるな」と思っていただき、実際にできるあなたになっていただくことが大切なのです。

その一方で、状況の変化を待つ人（❶）は、「こんなに離れていたら手が届かないよ」と思ったり、「果物からこっちへ歩いて来てほしい」と思います。だれかに解決してほしいと思う人（❷）は、「だれかに果物を取って来てほしい」と思ったり、「なんでそんなところに置いてあるんだ」といつまでも文句をいっています。また、「私は取りにいく能力や資格がないんです」と嘆《なげ》いています。

いずれの場合も、他人からどんな提案やアドバイスを受けたとしても、「でも」「だって」「それはわかっているけれど……」などといって、自分から行動を起こそうとしないことが多いのです。これではなかなか解決の糸口が見つけられません。

その反対に、素直に行動する人（❸）は、「そうか、簡単なことだな」「自分でもできるな」「行けるかどうかわからないけれどやってみよう！」と、どんどん行動に移し、場合によっては悩みがたった一日で解決してしまうことすらあります。
このことをもう少し、くわしく見てみましょう。

その1　状況の変化をひたすら待つ人の考えかた

「時間が解決してくれる」「あの人が気づいてくれるのを待とう」「私が我慢していれば、あの人はきっと変わってくれる」などと、奇跡が起こるのを待っている、消極的な人がいます。

宝くじが当たって、生活が楽になるのを夢見ていたり、「あの人が転勤にならないかな」「いつか魔法のように自分の性格が変わらないかな」というような、「魔法」を期待している人もいます。

こういう人は、自分が「ついてない」「不運」だと考えています。ついていないから、不運だから、私はうまくいかないんです、と。

そして、自分の力でなにかを「変えていこう」とか「変えられる」などとは、あまり考えないようです。ひたすら周囲の変化を待っていますが、実際、めったなことでは奇跡なんて起こりません。

その2 だれかに解決してほしい人の考えかた

問題が起こっている状況を見ながら、その「原因」を他人や、環境のせいにする人は、なかなか変化や問題を解決することができません。

それは、自分ではなく、他人や会社、環境や条件を変えようとしているからです。まるで動かない岩を必死に押して変えようとしたり、動かない岩に向かって文句や不平不満をいい続けているようなものです。

目の前に岩があって通れないのなら、その岩をよじ登るか、遠回りして行けば先に進めるのですが「どうして私が回り道しないといけないの」「あの岩がふさいでいるのが悪いのよ」「私は悪くない」「私はちゃんとやっている」と、自分を正当化してしまうのです。

自分を正当化しはじめることが問題をつくりだすことになりますし、自分を正当化つまり「私は悪くない」といい続けている限り、問題は解決しません。

その３　素直に行動する人の考えかた

私自身、多くのクライエントに向かいあい、数々の大きな変化や、よくなっていく姿を見てきました。だから統計的にも、経験則としても、「解決の答え」が先に見えてしまうことがあります。

ですから、なかなか解決の糸口のつかめない方や、問題発生のパターン（法則）にはまってしまっている方には「いま、あなたはこういう状態になっているんですよ」「だから、こうするとうまくいくんですよ」とアドバイスすることもあります。もちろん、例外も多数あるので強制することもありませんし、そのアドバイスを受け取るかどうかもその方しだいです。

セラピストは相談者の人生の舵取りをするものではありませんから、どんな毎日を送りたいか、どんなふうに生きてみたいか、ご自分で思い描いて進んでいくことが望ましいでしょう。それは「自分らしく自分の人生を生きる」ことなのです。

もちろん、だからといって、セラピストはクライエントのお話を聞くだけというわけではありません。心理療法を通じた問題解決の提案をどんどんします。

そうすることで、その方の気づきをうながし、自ら答えを見つけ、問題を解決できるようサポートを続けていくのです。クライエントの方にどんな可能性や選択肢があるのかを、第三者として客観視し、一緒に考え、探すお手伝いをするのです。

そのサポートを素直に受け止め、素直に行動する人が、自分の心の問題を解決していきます。それが問題解決へのもっとも早い方法です。

この本を手にとってくださったあなたは、きっと「さまざまな心の問題を解決したい」と考えていらっしゃる方だと思っています。あなたが、そのような行動をとられる方なのであれば、きっとこの本はあなたのお役に立てると思います。

2 「本当は変わりたくない」から、不安や挑戦の気持ちが現われる

「本当に性格は変えられますか？」という不安

私は「性格を変える」ということを専門に掲げています。そのため、「性格を変えたい」という方がたくさん相談にいらっしゃいます。


「内気な性格でなかなか友人ができません。できても長続きしないんです」

「他人の欠点ばかりが見えてしまい、冷たくしてしまうんです」

「カッとなりやすい性格で、つい人を怒鳴ってしまい、トラブルになってしまいます」

「パートナーに対して、すぐに問いつめたり、行動を制限してしまうんです」

「陰気で暗い、ダメな性格です。この性格をなんとかして、楽しくて、おしゃべりの

できる明るい人になりたいんです」

……などなど。このような、性格についての悩みはとても深刻です。長い間、自分の性格について思い悩んだ末に、私のもとに相談に見えているわけですから。そして、「もしかしたら、性格は変えられるかもしれない」という期待をもっていらっしゃいます。

しかしそれと同時に、カウンセリングを受けることに迷いを感じ、次のようなこともよく口にされます。それは、

「本当に性格って、変えることができるのでしょうか」

「これまでに、いろんな本を読んできたのですが、やはり性格は変えられないと思うんですがどうでしょうか」

「無理やり考えかただけ変えても、変わったつもりになるだけ。すぐにもとに戻ってしまうと思うのですが」

という不安です。もっと極端になると、

「ひょっとしたら、私の前世が関係あるのでしょうか……。だったら無理ですよね」

などといわれる方もいらっしゃいます。つまりは、

「長年変えることができなかった私の性格、ほんとに変えられるの？」

という疑心暗鬼で不安な気持ちが消えない方が多いのです。

「どう？　私を変えてみなさいよ」という挑戦

さらにひどい場合もあります。

「どう？　私を変えてみなさいよ！」

というような、挑戦的な方です。あとでもお話ししますが、実は程度こそ違いますが、多くの方がこの「挑戦」に似た考えもおもちなのです。

あなたは、いまどのように感じていますか?

こうした「不安」や「挑戦」の気持ちは、実は「本当は変わりたくない」という「抵抗」の現われなのです。つまり、いまの性格でいることにメリットがあったり、性格が変わってしまうことでの環境の変化を恐れているのです。

そのままでは心の問題を解決したり、自分の性格を変えたりといったことは困難になります。

これから、性格とはなにか、性格はどうしてつくられるのか、性格はどうやって変えられるのかについて説明していきます。それを読んでいくうちに、こうした「不安」や「挑戦」の気持ちが和らいでいくことでしょう。

そうなったときには、あなたはすでに解決の第一歩を踏み出しています。

第2章

性格とはなにか

1 変えられるのが「性格」、変わらないのが「個性」

人間のなかには「性格」と「個性」の二つがある

人間のなかには、〝変えられないもの〟と〝変えられるもの〟の二つがあります。〝変えられないもの〟とは、「個性（本質とよばれる先天的なもの）」です。これは、その人がもって生まれた、その人だけのものです。

たとえば、同じ両親から生まれ、同じ環境で育ったはずの兄弟でも、まったく違った人生を歩んだりします。それは、兄弟であっても「個性」が異なるからで、そこにその人の使命が宿っているからです。これは一生変わりません。

一方の〝変えられるもの〟は、いわゆる「性格」とよばれるものです。

例えるならば、「個性」は食材、「性格」は料理の味つけ

さらにわかりやすくするために、例をあげてみましょう。

私は料理をつくるとき、「なにをつくろうかな」と考えながら冷蔵庫を開け、「いまある材料」を確認します。そして、ひとまず鍋をとりだし、冷蔵庫のなかにあった、肉・玉ねぎ・人参をそのなかに入れて煮込みはじめます。

その材料でカレーをつくる場合、甘いカレーにするのか、辛いカレーにするのか、それは料理をする私次第です。

このときの、肉・玉ねぎ・人参が「個性」です。この材料でどんな料理をつくるとしても、使用した材料が変化することはありません。料理をしているうちに、肉が魚になったり、人参がキャベツになるのは、ありえないことです。

それとは反対に、どんどん変えていけるのが味つけです。スパイスの配分や、好みの濃さ、さらには、煮込み時間や、調味料、水加減によっても味つけは変化します。

そして、毎回同じ味ができるとは限りませんし、つくりかたをだれに教わるかに

よって、味つけも変わってきます。また、いろいろな人のリクエストを聞いたり、じゃがいもを入れるべきだといわれたり、焦がしてしまったり、またその焦げをごまかすためにたくさん調味料を入れてみたり……と、このように「料理の味つけ」が「性格」になるのです。

そして、素材を生かした料理がいちばんおいしいのです。

つまり、その人の「個性」にあった性格、その人の個性を邪魔せず伸ばしていける「その人だけの性格・味つけ」があるのです。そしてそれは、他の人の口にあわなかったり、もしかしたら見た目が悪いかもしれません。でも、そんなことにとらわれない、最高の味つけ（性格）を見つけることができるはずなのです。

「個性」はOS、「性格」は多様なソフト

もうひとつ例をあげてみましょう。

あなたがふだん使っているパソコンをイメージしてください。ふつうは、パソコンを買ったとき、ＷｉｎｄｏｗｓやＭａｃＯＳなど、「ＯＳ（Operation System）」と

よばれる、パソコンを動かす基本ソフトが組み込まれていますね。

それらは、パソコンに当初からそなえつけられているもの（スペック・性能）です。これが「個性」です。

そこにＷｏｒｄやＥｘｃｅｌなど、さまざまなソフトがインストールされ、はじめてパソコンとして機能します。これが「性格」です。

使いたいソフトはどんどん追加していく一方で、昔は使っていたけれどいまはいらなくなったソフトや、いまのパソコン環境にあわないソフトははずしていきます。

信じられないかもしれませんが、パソコンの構造は、人間の心の構造と同じです。「個性」（ＯＳ）を変えることができませんが、「性格」（ソフト）は自由に変えられるのです。そして、先ほどの味つけと同じように、「みんなと同じだから」という理由で、ＭａｃＯＳにＷｉｎｄｏｗｓ用のソフトを入れてもうまくいかないのです。

2 性格は「パート」というプログラムの集合体

私たちはプログラムによる「自動反応」で生きている

それでは「性格」の正体について、ＮＬＰ（Neuo Linguistic Proguram ＝神経言語プログラミング。アメリカで誕生し発展してきた心理学）の考えかたをもとにして説明していきましょう。

ＮＬＰでは人の心のなかには「パート」（部分）といわれる個別のプログラムが、多数存在しているととらえています。これが「性格」を形づくる要素になりますので、まずはそれらパートについてみてみましょう。

ＮＬＰでは、私たちはなにかしらの出来事に遭遇した「場面」において、

●あるパート（プログラム）が反応して、動き出す
●あるパート（プログラム）ばかりが、いつも反応する

といったことが起きるととらえています。その反応の流れを具体的に示すと、

❶ある「出来事」に出会う
❷「価値観」に照らしあわせる
❸「感情」が生まれる
❹「感情」に基づき「行動」を起こす
❺「結果」が生まれ、❷にフィードバックされる

のようになります。

そしてこの❷が「パート（プログラム）」の基礎となっています。これは、生まれてから体験したさまざまな出来事や、見聞きした話、繰りかえされた出来事を通じてつくり上げられていくのです。

● パートとはなにか、どのように反応していくか

1. **ある「出来事」に出会う**

   コワモテの男性と話す

2. **「価値観」に照らし合わせる**
   ※ここが「パート・プログラム」の基礎となる

   コワモテの男性は怒鳴るはず

3. **「感情」が生まれる**

   「怖いっ!!」と**反応**する

4. **「行動」を起こす**

   足が震える、逃げ出す、いいわけする

5. **「結果」が生まれ、❷が強化される**

   おどおどすることで怒鳴られ、
   「やっぱりコワモテの人は怖いんだ」と再確認する

3　「パート（プログラム）」はどうやってつくられるか

何度も繰りかえされるものが「パート」として定着する

このパートは、どのようにしてつくられていくのでしょうか。そのプロセスは、前述したようにパソコンのしくみとよく似ています。

パソコンで同じ単語ばかりを打ち込んでいると、真っ先に、いつもの漢字に変換してくれます。たとえば、はじめて「こころや」と入力して漢字変換すると、「心や」と出てきます。しかし、「心屋」と漢字変換して入力することが何度も繰りかえされるうちに、「こころや」と打てば、ただちに「心屋」と出てくるようになります。

人の心もそれと同じです。人は太古より「何度も繰りかえされるもの」は大切だと判断するようにできているためです。これは「学習」ともよばれます。

よく使う／よく反応することが何度も繰りかえされると、それはやがてパートというプログラムになって、その人の心に定着していきます。そのパートは、私たちの心のなかの取り出しやすい場所に置かれるようになります。そして、なにか出来事に出会ったら、すぐに反応して出てくるようになります。

言葉・親の言動・環境によってつくられる「パート」

これまでにあなたのまわりで「何度も繰りかえされたもの」とはなんでしょうか？　それがわかれば、あなたの心のなかにどのような「パート」がつくられてきたかがわかります。以下、「何度も繰りかえされたもの」の例をあげてみましょう。

例1　「言葉」

私たちは生まれたときから、何度も繰りかえし日本語を耳にしてきました。両親やまわりの人たちが絶えず、日本語で話しかけてきました。まわりで会話している言葉もいつも日本語でした。そうした環境のなかで、日本語という言語がプログラミングされていきました。

もし、毎日、英語で話しかけられていたとしたら、私たちには英語がプログラミングされることになります。

例2 「親の言動・価値観」

あなたは子どものころから、親がよく見せる行動・言葉・感情などを、よい・悪いの判断力がつくまえに、何度も目にしています。すると、「こういう場合はこうするんだ」と、対処方法や反応を学習していくことになります。

そのなかでも、何度も繰りかえされ、あなたがよく見て、よく聞いて、よく感じたものが「パート」となっていきます。父の行動・言葉・感情がもとになったパートが生まれます。母の行動・言葉・感情がもとになったパートが生まれます。それらは別々のプログラムとなって、あなたのなかに定着していきます。これが「三つ子のたましい、百までも」といわれるゆえんです。

例3 「環境」

生まれたところ・住んだところ・気候・風習・しきたり・宗教……といったものです。生まれ育った場所がお祭り好きの街で、大家族だったとしたら、社交的なパートがつくられるでしょうし、山奥の過疎地の閉鎖的な土地で過ごせば、人見知りするパートがつくられるかもしれません。それ以外にも、友人・学校・先生・本・テレビ・マンガ・映画など、自分自身が好きで何度も繰りかえし体験することも影響します。

また、自分自身で何度も繰りかえし考えた「夫として／妻として」「父として／母として」「兄として／姉として」「上司として／部下として」などの役割としてのあるべき姿や、人から「このようにあるべき」と何度も繰りかえし求められることも、あなたのなかにパートを作成します。

一瞬でパートを定着させる「印象的な出来事」という核

ひどくだれかに怒られたり、衝撃的な場面を見たことで起こる「トラウマ」になるような体験もパートをつくりますが、そこまで衝撃的でなくても、ちょっとしたことが一瞬で「思い込む」きっかけとなることがあります。

例4「印象的な出来事」

たとえば、親に本当のことをいっても信じてもらえなかった、授業中に発言して先生に笑われた、弟や妹ばかりをかわいがっていた、顔のほくろを笑われた――などの体験を通じて、「自分のいうことは信じてもらえないんだ」「自分は笑われる存在なんだ」「自分は愛されない存在なんだ」と、印象的な出来事を「核」として思い込み、できてしまうパートもあるのです。

こうしてみてみると、「パート」の多くは、あなた自身が意図して組み込んだものではなく、だれかほかの人から刷り込まれたものであることに気づかないでしょうか。

とくに、子どものころに組み込まれたプログラムは、意識のいちばん深いところに入っていくので強烈です。あなた自身が気づかないうちに刷り込まれているだけでなく、その存在に気づくこともほとんどありません。

4 「パート」がたくさんあるから矛盾や例外がある

だれといるときでも、緊張して話せないのか？

ここで、「私たちの心のなかには、ひとつのパートだけでなく、さまざまなパートがある」ということがポイントになります。ある事例を紹介しましょう。

ある日、百貨店にお勤めの里香さん（二六歳・仮名）が、私のもとに相談にみえました。

「私はいつも人と仲よくできないんです。仕事以外の雑談の時間などがとても苦しくて、身がもちません。

仕事で用事があるときや、伝えたいことがあるときなら、同僚や取引先とふたりきりになっても問題ないのですが、仕事を離れて食事に行ったり、休日に会ったりすると、極端に緊張してしまったり、相手につまらない思いや、不快な思いをさせているんじゃないかと感じて、気が気ではないのです。こんな自分をなんとかしたいのですが……」

そこで私は質問をして、里香さんの話を聞きました。

「だれといるときでも、そうなんですか？」

「そうです」

「仲のいい、たとえば趣味が同じ人といるときも同じように緊張しますか？」

「いえ、そんなことはないですね」

「そうですよね。じゃ、あなたの性格の問題ではないですね」

「えっ、それはどういうことですか？」

あなたには、私のいった意味がおわかりになりましたか？

カウンセリングの場合、まずはその方が「どんなことで困っておられるのか」ということをゆっくりとうかがいますが、たくさんお話をいただければいただくほど、このエピソードのように、「矛盾」や「例外」がみえてきます。

職場の人と話すのは苦痛で、趣味のあう人と話すのは楽しい？

つまり、里香さんのなかには、さまざまなパートがあるわけです。だから「矛盾」や「例外」が出てくるのです。

ここで里香さんがどのようなパートをもっているかについてみてみましょう。

そのひとつが、職場で「反応する」パートです。

里香さんは、職場でいろんな人と話すという「出来事」に出会いました。そして、職場の同僚と自分とは相性が悪い、もしくは趣味や考えがあわない、と「反応」しました。これは里香さんのなかにある、なにかの「パート」が反応したのです。

そこから、職場の人と話すのは苦痛だ、という「感情」が生まれます。すると、職場の人との会話を避ける「行動」をとるようになり、職場の人との距離が離れていく「結果」となり、それがさらにフィードバックされていくことになります。

二つめが、プライベートでの「反応」です。

里香さんは、趣味が同じ人と話すという「出来事」に出会いました。そして、彼らとは話があうという「反応」をしたのです。これで里香さんのなかには、先ほどとは別の「パート」があることがわかりますね。

そこから、趣味が同じ人と話すのは楽しい、という「感情」が生まれます。すると、どんどん積極的に会話する「行動」をとるようになり、そのグループ内でリーダー的存在になったり、人気者になったりする「結果」となり、それがさらにフィードバックされていくことになります。

このようにして、パート（プログラム）がばらばらに入っているので、まわりの出来事に対してさまざまな「反応」が起こるのです。

もっとも多く反応するパターンが性格として認知される

このように里香さんのなかには、異なる二つのパートがあります。

そして、ここが重要なところですが、会社にいる時間のほうが圧倒的に長い生活を送っている里香さんにとっては、ひとつ目のパートのほうが、二つめのパートよりも反応することが多いのです。

そのため、さまざまなパートをあわせた全体としては「私は人前でうまく話せない」ということになるのです。つまり「私は人前でうまく話せない」という出来事に対するもっとも多い反応パターンが、その人の「性格」ということになってくるのです。これが「性格」なのです。

「性格」を形づくっているのは、これらの数多くのパートです。パートのなかには、強く反応して動くもの、本人自身がその存在に気づいていないもの、ときどき顔を出す程度の弱く反応して動くもの、などがあります。これらの集合体が、「出来事にもっとも多く反応するパターン」としての性格になっていくのです。

5 あなたが嫌っている「性格」にもメリットがある

なぜ自分は「こんな性格」を変えられないのか

自分の性格に悩んでいらっしゃる方の疑問は、「なぜ、自分のこんな性格を簡単に捨ててしまえないのだろうか」ということにつきるのではないでしょうか。

この問いに答えるためには、性格のもとになっているパートはなぜつくられたのか、なぜそのようなものがつくられなければならなかったのか、を理解する必要があります。

それがつくられたのには理由があります。それがあなたのなかに定着しているのにも理由があるのです。

それらの理由がわかれば、自分の性格を変えるための第一歩を踏み出すことになります。この点について、少しご説明したいと思います。

「パート」には判断基準がある

私たちの「性格」は、それがどのようなものであっても、その裏側には「肯定的な意図」が必ずあります。いいかえれば、「その性格（よくとる行動パターン）を出すことで、なにかしらのメリットがある」ということです。

「そんなばかな、損ばかりしてる！」と思われる方もおられるかもしれませんが、少し考えてみてください。

❶引っ込み思案な性格（よくとる行動パターン）
❷怒りっぽい性格（よくとる行動パターン）
❸我慢できない性格（よくとる行動パターン）
❹人見知りする性格（よくとる行動パターン）
❺物事を深く考えない性格（よくとる行動パターン）

❻他人に優しくできない性格（よくとる行動パターン）

「こんな性格」のおかげで「得」していることがある

いかがでしょうか。これらの性格はすべて、一見悪いものであり、損をする性格のようにみえます。

ではここで、それぞれの性格のあとに「おかげで」という言葉をつけてみましょう。

例をあげてみます。

❶引っ込み思案な性格

……**おかげで**⬇恥ずかしい目にあわずにすんでいる

❷怒りっぽい性格

……**おかげで**⬇周囲の人がいうことを聞いてくれるし、ストレスが残らない

❸我慢できない性格

……おかげで⬇物事を早く進めることができる

❹人見知りする性格

……おかげで⬇本当に大切な人だけとすばらしい時間を過ごせるし、いやな思いや緊張することを避けられる

❺物事を深く考えない性格

……おかげで⬇行動が早く、失敗も多いが得することも多い

❻他人に優しくできない性格

……おかげで⬇だれからもなれなれしく声をかけられず、自分の時間を大切にできる

これをみていただければおわかりのように、実はメリットもあるのです。だから、

その性格を「やめられない」のかもしれません。

あなたの、変えたいと思っている性格のあとに「おかげで」をつけてみるだけで、きっと「肯定的な意図」が理解できるかもしれません。

多くの場合、その「意図」とは「不安を排除したい（安心・安定したい）」というものと、「快（愛・楽）を得たい」というものです。間違っても「おかげで、こんなひどい目にあってる」なんていう逆の意味にしないでくださいね。

現在のあなたは、さまざまな選択の結果つくられている

いままでの人生のなかで、あなたはたくさんの「選択」をしてきました。いまこの瞬間も、数多くの選択肢のなかから、あなたはなにかを決めています。

たとえば、この本を読むにしても、いまこのまま読み続けるのか、すぐに閉じるのか、あと数ページ読んで閉じるのか、声を出して読むのか、静かに読むのか、寝転んで読むのか、座って読むのか……などなど、限りありません。その限りない選択肢のなかから、あなたはたったひとつを決断しています。

このように、いままでの人生を振りかえると何千、いや何万、何千万もの選択肢を「捨てて」いることになります。つまり、あなたにとっての「究極の選択の結果」が、現在のあなたなのです。

そして、その究極の選択を続けてきた結果、いまあなたは生きてこの本を読んでくれているのです。ほかの数千万の選択肢を捨てたのは、あなた自身なのです。

その「選択」という「行動」は、すべて「その時点で、あなたにとって最高の選択」であったということなのです。

「性格」とは、よくとる行動パターンのことですから、「その時点で、あなたにとって最高の選択」をし続けてきた結果、生まれたものともいえます。

6 「昔は必要だった」その性格も「いまは必要ではない」

いまの性格は「過去には必要だった」

先ほどの例のように、「おかげで」をつけてみることで、あなたがいままで嫌っていたり、変えようとしていた性格（よくとる行動パターン）には、実は「あなたをよくしよう」という意図があったことが、少しだけおわかりいただけたのではないかと思います。

それではまた、別の見かたをしてみましょう。

先ほどまでの話では、「性格」を形づくる要素である「パート」というプログラムは、他人、とくに親からもらったものが多いとご説明しました。

こういうお話をすると、親御さんの育てかたや、生まれついた環境を恨んだりする方がいらっしゃるのですが、そのように考えるのは短絡的なのです。

よく考えてみてください。あなたのなかにあるプログラムはかつては「その親と共存していくために必要なプログラム」だったのです。極端ないいかたですが、親に嫌われると子どもは生きていけません。ですから、その「当時」は、そのプログラムが必要だったのです。

また、その時点では親御さんはその価値観しかもっていませんので、それが最高の選択肢として子どもに与えるのは当然のことなのです。

人生の邪魔に思えるパートが命を守っているケースもある

これは、親との関係のなかでつくられた「パート」だけにかぎりません。

たとえば、ある特定のことに対しては動けなくなってしまう「パート」があります。これが「心のブレーキ」になります。チャレンジしようとしても、いつも二の足を踏んでしまう。本人としては、思うように自分が動けずにつらい……。そんな自分を苦しめている「パート」「性格」であっても、それにも肯定的な意図があります。

人は、悲しい体験・苦しい体験・怖い体験をすると、同じ体験をしようとすることを避けようとします。こうした体験が何度も続いてしまうと、身体的にも精神的にも最終的に耐えられなくなり、命にかかわるからです。

そこでふたたびつらい思いをしないですむよう、ある特定のことに対しては動けないといった形であなたを守るための「パート」がプログラミングされるのです。

また、新しいことに対してはなかなか動き出せない「パート」も、あなたを守るという肯定的な意図のもと、動物としての人間に、最初から組み込まれています。

新しいことをはじめるのは、古代でいうなら知らない土地・環境で生きていくことであり、知らない食べものを口にすることです。それは、死と隣りあわせの非常に危険な行為だともいえます。いま現在の命を保てている場所にとどまろうとし、変化を好まないのは、命を守るためのプログラムなのです。

このように、過去に組み込まれたプログラムは、あなたの命を守ってくれていたのです。そして、保守的に生きてきたからこそ、「ヒト」は現代もなお存続しているといっても過言ではありません。

不要になったセキュリティソフト（パート）は削除してしまおう

しかし、あなたを守るためにプログラミングされた「パート」「性格」なのに、それがどうしてあなたを苦しめてしまうのでしょうか？

それを考えるヒントは、現在、悩みのタネとなっているあなたの性格も、過去には必要であったということです。

もう一度いいます。「過去には必要だった」のです。

わかりますでしょうか。つまり、現在の年齢や環境のもとでは、もう必要なくなっている可能性が大きいのです。過去には守ってくれたものであっても、現在では逆にあなたの行動を縛りつけるものになっていると考えられるのです。

たとえば小さいころ、親から「知らない人についていっちゃダメ！」とよくいわれなかったでしょうか。幼稚園、小学校のころは、それは悪い大人たちから身を守るために必要であったプログラミングでした。

しかし、大人になり、人を見る目や危険を回避する能力が身についているのに、「知らない人についていっちゃダメ！」だと、どうなるでしょうか。人との新しい出会いに踏み込めなくなり、友人も恋人もつくれない……といったことになります。

子どものころにプログラミングされたことが、大人になったいまも残りつづけ、それがあなたの人生を苦しめているのだとすれば、それはもはや不要だといえます。

こうしたプログラムをはずしたほうが、人生を豊かに生きることができます。

ここでちょっと思い出してみてください。第2章で、人間の脳は、パソコンの構造に非常によく似ているというお話をしました。「個性」は生まれもって変わらないものですが、「パート」「性格」はパソコンのソフトのように「あとから組み込まれた（プログラミングされた）」ものでした。

「組み込まれた（プログラミングされた）」ものである以上、それは「取りはずす」ことができます。つまり、いまのあなたにとって、もはや必要でないのであれば、どんどん削除していけばいいですし、逆に、いまのあなたにとって、必要なものであれば、新しいプログラムをどんどん取り入れていけばいいのです。

まるでセキュリティソフトを入れすぎて、重くて動かないパソコンみたいになっていませんか？

7 心のかさぶたは「パート」になることもある

パートが塗り固められるうちに、本当の自分を見失う

いまのあなたを苦しめているのは、他人によって組み込まれた「パート」「性格」だけではありません。人生を生きていくなかで、自分自身で組み込んだ「パート」「性格」もあります。

それらは自分自身がある意図をもって組み込んだものですが、それがやがて、あなた自身を苦しめるようになります。「パート」「性格」は他人によって組み込まれるだけでなく、さらにそのうえに自分自身によって組み込まれていくのです（39ページの例4の場合など）。

そのプロセスについて、これから説明しましょう。

生まれたばかりの子どもは、他人の目を気にしたり、なにかに緊張したりすることはありません。ごく幼いときには、だれしもが純粋無垢だったはずです。

それが、そのあとに親や周囲から教えてもらったことや、失敗したことや、つらい出来事を体験するたびに、その経験が「核」「傷」となり、それを包み込むようにして「パート」となってあなたのなかに組み込まれていきます。純粋無垢だった素の状態のあなたの上に、あたかも「かさぶた」が覆いかぶさってくるようなものです。他人によってつけられた「傷」を覆うように、「かさぶた」をつくっていくのです。

「いい人」をつくりはじめるとき

「かさぶた」づくりは、それだけにとどまりません。あなたはつくられた「かさぶた」を見て、とても汚くて恥ずかしいものだと思います。ほかの人には決して見られたくはないと感じます。

そこで、これを隠すために、その「かさぶた」の上に新たな「かさぶた」を重ねていくのです。新しい「かさぶた」とは、世間に認められたいという意図をもってつくられる、「これこそが私だ」というイメージのこと。

本来の自分はどうあるかといったことにかかわりのない「見せかけの自分」です。

このように、「人に見られたくない」部分（下層部分）と、「こんなふうに見られたい」という部分（上層部分）の二重のかさぶたで、あなたは守られているのです。

こうして見てみると、どのように感じますでしょうか。かさぶたがどんどん折り重なっていって、とても息苦しく感じませんか。

そうです。自分を守るためにどんどん「かさぶた」を重ねていってしまうと、そのうちに、いちばん奥にあるあなたの個性はまったく見えなくなってしまいます。

個性はあなたが生まれながらにもっているものです。それが「かさぶた」によってびっしりと覆いつくされてしまうと、しだいに息苦しくなってきます。

あなたの個性が訴えかけてくる、その「息苦しさ」は、やがては「問題」として伝わってくるようになります。それは、まるで骨から筋肉がはがれていくような痛みやしびれといった体からのメッセージかもしれません。またそれは、気持ち悪いといっ

● つらい経験や失敗で傷つく

● 傷ついたところに「かさぶた」ができる

● かさぶたを隠すために「見せかけの自分」というさらに大きなかさぶたをつくり、「理想の自分」を演出する

た心からのメッセージかもしれません。

それでも、その「問題」を無視し、押さえつけ、我慢し続けて生きていると、そのうち、あなたは自分の個性のことを忘れてしまいます。あなたの個性とは、あなた自身であるはずなのに……。

そして、あるとき突然、衝撃的な出来事や衝撃的な出会いが生まれます。すっかり忘れ去られたあなたの個性が、肉離れを起こしたような激痛をともなう出来事として目のまえに立ちはだかるのです。セラピストとして活動するなかで、まさにそうとしかいいようのないことが起きる場面を、私は何度となく見てきています。

偶然プラス方向に転じたケース

一年前、あるクライエントの方が相談にみえました。

この方は人づきあいがうまくいかないことに悩んでいたのですが、とくに「いいたいことがいえない」という思いに、長年苦しめられていました。

この方は、過去の経験から、「人に嫌われてはいけない」という強烈なパートを、自分自身で心のうちに築いていました。相手から失礼なことをいわれても、人に嫌われないためにグッと言葉を飲み込む。自己主張すべきときでも、人に嫌われないためにグッと言葉を飲み込む。そして、人にあわせ続けるという関係ばかりに身を置き、人づきあいがうまくいかないという事態を招いていました。

私は、本音を覆いつくしている大きなかさぶたをなんとかするべく、数回にわたってセラピーを続けていました。

ある日、この方から「予約していたセラピーの日を延期したい」という連絡が入りました。なにかあったのだろうかと心配しながら、次の面会日を待ちましたが、約束の日に訪れたその方は、別人のように生き生きした表情をしていました。

いったいなにがあったのかと聞いてみると、その方は、中国へ旅行に行ってきたのだと、お土産を差し出しながら笑顔で教えてくれました。先日、晴れない気持ちのまま街を歩いていたとき、通りかかった旅行代理店の前の中国旅行のパンフレットが目につき、思わずその場で申し込み、中国に行ってきたというのです。

「いやあ、中国って本当にすばらしいですね！　広々としているし、なにより活気があります。中国の人たちはみんな、自分が目指している方向にむかって正直に、まっしぐらに生きているようにみえる。ほんの数日間でしたが、私も彼らのなかに交じって、エネルギーをもらってきました！」

なにやらすっかり元気をとりもどした様子で、とりあえずカウンセリングはこの日で終了となりました。

唐突に思えるこんな行動も、心理学的にはきちんと説明ができます。このクライエントの方はふだんから、中国や、中国の人に対して、エネルギッシュでまっしぐらなイメージをもち、ずっと憧れていました。

しかしそのイメージとは、心の奥底にしまっていた、自分の個性でもあったのでした。他人や自分自身によってつくられた「パート」というかさぶたにより、すっかり覆いつくされて、息苦しさを訴えていたその人の個性そのものだったのです。

今回、突発的に中国へ旅立ったという行動は、すっかり忘れ去られたその人の個性による爆発でした。個性を抑圧し続けると、あるとき衝撃的な出来事や衝撃的な出会いが起こるとは、こういうことです。

個性の爆発がいつもいい方向に導くとは限らない

しかし、必ずしもこのようないい結果にばかり結びつくとは限りません。みなさんにはよくよく注意してほしいと思います。

たとえば、あなたの個性が爆発して、大きな不幸な事件に巻き込まれることもあります。それは「あなたは自分の個性を抑圧し、本来の自分の生きかたを見失っているよ」というメッセージにほかならないのですが、そのメッセージをきちんと受け止めないと、同様の事件が起こり続けます。

大きな不幸な事件に巻き込まれたときに、「あいつのせいで事件に巻き込まれた」「どうして自分だけがこんな目にあうのか」「私は悪くないのに理不尽だ」と原因をまわりのせいにばかりしていると、これでもかというくらいに不幸な事件が続いていくのです。

その不幸の連鎖を止めるのはただひとつ、「自分が問題や原因をつくり出している」「目のまえの問題の原因は〝自分の心のなか〟にある」と気づくことです。自分本来の生きかたを見失っていることに気づくことです。

本来の自分の生きかたを見失っているときは、「我慢」し続けています。本当にいいたいこと、したいことを我慢している、本当はやりたくないこと、いいたくないことを我慢している。その我慢がたまりすぎると、まるで電気の負荷がかかりすぎてブレーカーが落ちるように、自分自身で自分の体を停止させてしまいます。

それが大病や「うつ」とよばれる状態なのです。

つまり、個性からのメッセージを抑圧して「我慢した」「我慢しすぎた」のは自分なのだ、ブレーカーを落としたのも自分なのだということに気づき、「勇気をもって我慢をやめる」ことが大切なのです。

ですから、あなたが心の問題をかかえていたり、性格について悩んでいたりしたとすれば、「なにかいいたいことを我慢していないか」「なにかに意地を張っていないか」をとらえていくことが重要です。自分の本当の気持ちに気づいていくのです。

そのときに有効になってくるのが、心理療法です。本書で紹介するセルフカウンセリングや、さまざまなワークです。個性を覆いつくしている「かさぶた」を取り去ることで、本来の自分である「個性」を思い出しはじめるのです。

8

「性格」は変えなくていい、不要になった「パート」を取り替える

「パート」同士が別個に機能し、葛藤を生む

ご自分に対してもっているセルフイメージは、あなたのすべてを表しているわけではありません。だれしも、自分が把握していない意外な側面をもっていますし、人から見た自分のイメージと、自分が抱いているイメージに、開きがある場合もあります。

たとえば、

「私は明るい性格だ」

「私は神経質だ」

「私はおおらかだ」

など、自分に対するおおよそのイメージをもっていたとしても、時と場合によって、

そのとおりにふるまえない（ふるまわない）ことがあります。

それは、人の心のなかには、いろいろなプログラム（パート）があるからです。つくり出されたパートは、すべてがひとまとまりで機能しているわけではありません。

いろいろな経験をするなかで、経験した場面ごとに必要なさまざまなプログラム（パート）がつくられていくということは、あなたのなかに、「シチュエーションに応じた反応パターン」が複数つくられ、それぞれが別個に機能しながら同居していることになるのです。

よくマンガなどで、頭のなかで天使と悪魔が戦っているような図があります。

実際には、セルフイメージを土台にした天使と、それ以外の悪魔が戦っているのだといえます。これが「葛藤」です。

「自分はこうしたい、こうするんだ」という心と、「こうするべきだ」という心とは、違うプログラムも入っているからです。

かさぶたの奥にある「本当の気持ち」に耳を傾ける

40ページでお話しした、クライエントの里香さんの例を思い出してみてください。ある人たちの前では、緊張したり、話が続かないけれども、別の人たちと一緒にいるときには、それがまったくないという状況でした。

これが「矛盾」であり、「例外」なのです。

この矛盾が、「パート」がバラバラに存在することに気づかせてくれます。そして、この「例外」に気づくことで、今後どうするべきなのかの答えが出ます。

里香さんの場合は、「一緒にいたくない人に無理にあわせようとしていたから、苦しかった」ということなのです。

だから、里香さんの場合、個人の性格が問題だったのではなく、「本当の自分の気持ちを無視していた」ことが問題だったのです。

天使は「職場のみんなとは仲よくするべきだよ」とささやき、悪魔は「そんなことしてると苦しくなるよ」と、里香さんを止めていたのでした。

そして里香さんは天使のささやきばかりに従って行動した結果、苦しくて私のところに来られたのです。

里香さんは「緊張する人たち」と一緒にいる時間を減らすこと、つまり悪魔（よくないこと）だと思っていたものの声に耳を傾けたことで、悩みやつらさが消えました。

「だれとでも仲よくするべき」という価値観が、「我慢してつきあうべき」という、苦しみをもたらす天使のパートをつくっていたのかもしれません。

不要になった「パート」は取り替えればいい

この世に起こっている出来事は、それぞれが事実です。しかし、その出来事を見てどのように受け止め、どのように感じるかは、人によって違います。

あなたに向かって「素敵な笑顔ですね」という人がいたとします。もしあなたが「自分は笑顔が似合う明るい人間だ」と思っていたら、その言葉を素直に受け止めることができ、とても幸せな気分になるでしょう。

でも、もしあなたが「自分はなにをやってもだめな、暗い人間だ」と自分のことを思っていたら、「素敵な笑顔ですね」といってくれた人に対して、「下心があるのではないか」「バカにしてるのではないか」などと感じてしまい、不愉快な気持ちになるかもしれません。

「素敵な笑顔ですね」という言葉は、ひとつの事実です。しかし、このように、「人によって受け止めかたが違う」というのが「反応」なのです。

性格のすべてを変えなくていい、「反応するパート」だけを交換すればいい

どうして受け止めかたが変わってしまうのか、このしくみについて少しお話をしたいと思います。

あなたのなかには、過去に積み上げられたプログラム（パート）が数多く存在するというお話をしました。外での出来事、この場合は「素敵な笑顔ですね」といわれたことに対して、あなたのなかのどれかの「パート」が反応して、「感情」をつくり上げたのです。そしてその「感情」に従って行動を起こすわけです。

人それぞれ、心のなかにある「パート」は違います。ですから、それらのパートが集まってつくり上げた「性格」によって、出来事を取り入れるときの内容が変わるの

です。

赤い眼鏡をかけてまわりを見ればすべてが赤く見えるけれど、青の眼鏡に替えれば、みんな青く見えます。眼鏡に傷がついていればすべての出来事に傷がついて見えます。

自分のことを嫌ったり、傷つけてしまう人は、その眼鏡に必要のない色や、視界をさえぎる傷がついているのです。そして、その眼鏡をつくってきたのが、それぞれの過去の経験――見聞きしたものや体験したものなど――なのです。

性格すべてを変えることは不可能なことですし、そもそもそんな必要はありません。「傷」の部分（パート）さえ交換してしまえばじゅうぶんです。新しくつくり直したパートがトリガー（引き金）となり、あなたに起きる出来事すべてが変化するのを体感できるはずです。

眼鏡を交換すれば、一瞬にして見るもの（出来事）すべてが、はっきりと、美しく見えてくることになります。

傷ついたり不要になった一部を交換するのは簡単であり、それは同時に、悩みの解消に対してもじゅうぶん効果的なことなのです。

心の眼鏡をかけかえると見えかたが変わる

第 3 章

セルフイメージと本当の自分の違いに気づく

1 性格とは正しくは、「自分自身が思う自分の性格」

「私は社交的ではない性格だ」と思えばパーティには行かない

私たちのなかにはさまざまな「パート」とよばれるプログラムが組み込まれ、これらのパートがもとになって、全体として「性格」が形づくられるということをお話ししました。

ただし、この「性格」はあくまでも主観的なものです。正しくは「自分自身が思う自分の性格」です。これは、「私は○○な性格だ」と思う「性格」のことなのです。

そして、人がいったん自分を「私は○○な性格だ」と感じると、その人の行動のすべてを、その「○○」を証明するように、自分自身でコントロールするようになります。

このことは「性格」とはなにかを考えるうえで、とても大事なことのひとつです。

「私は○○な性格だ」とは、あなた自身の「肩書き」といいかえることもできます。会社で「あなたは今日から課長です」といわれたら、「課長らしくふるまわなければ（課長らしい性格にならなければ）」と思うのと似ています。

実際、そんなふうに考え行動することで、いままでごく普通だった人が、急に頼もしくなったり、貫禄《かんろく》がついたりすることがあるでしょう。また、ご自分や周囲の人にも、そんな体験をしたことがある人がいるかもしれません。「役割が人をつくる」などといわれるゆえんです。

同じように、「リーダーシップがある」「積極的」「穏やか」「面倒見がいい」など、「自分自身が思う自分の性格」は、知らず知らずのうちにさまざまな場面で、その認識が正しいことを証明するかのようなふるまいに結びついていきます。

この認識が「前向き」な内容のものなら、ご自身が悩むこともないでしょうし、また、人間関係で問題が起きることは少ないでしょう。

しかし、「人づきあいが苦手」「暗い」「嫌われやすい」など、人間関係に影を落とすような認識をもってしまっている場合は、どうしても思い悩んだり、苦しんだりすることが多くなってしまうのです。

「私は●●な性格です。だから○○できないんです」


では、あなたの場合を考えてみてください。

自分のことをどんな性格だと思っていますか？

自分に肩書きをつけるとしたら、どんな肩書きがぴったりなのでしょうか？

よく思い浮かべてください。思い浮かんだそれこそが、あなたの「**自分自身が思う自分の性格**」なのです。

あなたの行動すべては、その「**自分自身が思う自分の性格**」に従っています。自分自身で、そのイメージを「証明」しようとするのです。

次に例をあげますので、これらについて考えてみましょう。

❶私は人づきあいが苦手な性格です
❷私は厳格な性格です

③私は曲がったことが嫌いな性格です
④私はだらしのない性格です
⑤私は完ぺき主義な性格です

これらの性格に悩んでいる人は、きっと少なくないと思います。
では、具体的な内容を細かく見てみましょう。

①私は人づきあいが苦手な性格です
だから、あまり社交の場には行きませんし、進んで人づきあいはしません。
だから、人も私に近寄ってきません。
……ほら、**孤独**でしょう？

②私は厳格な性格です
だから、人前でおどけたり笑ったりはしません。
……ほら、**つまらない人間**でしょう？

③私は曲がったことが嫌いな性格です

だから、要領が悪いんです。

……ほら、**融通が利かず、みんなに呆れられている**でしょう？

④私はだらしのない性格です

だから、物事を続けられません。

……ほら、**今度も仕事が続かなかった**でしょう？

⑤私は完ぺき主義な性格です

だから、自分にも他人にも厳しく要求してしまい、苦しくなります。

……ほら、**また他人をしつこく責めてしまった**でしょう？

このように、人は自分に対してもった「**自分自身が思う自分の性格**」を通じ、それに即した行動・考えかたを取っていきます。あたかも、「どう？　私のいったとおり

（自分自身が思う自分の性格）でしょう？」と、証明するかのようにです。

たいていの場合、これらの例のように、「**自分自身が思う自分の性格**」と「だから」という言葉はセットになっています。「○○だから、できない（してしまう）んです」というように、自分でつくりあげた「できない自分（してしまう自分）」→「**自分自身が思う自分の性格**」として証明し続けるのです。

怒りや喜びの基準は性格を変える鍵

「私は○○な性格だ」という認識は、ある価値観にもとづいて生まれます。

その価値観は、あなたのなかの強い「パート」がつくりあげています。ですから、自分のなかにある価値観がなんであるかを知るためには、

「自分はなにに腹が立つのか」

「自分はなにがうれしいのか」

「どんなことがあったから、そう思いはじめたのか」

「自分はなにに『反応』するのか」

を書き出してみるとよくわかります。

というのも、人は自分の価値観に沿った他人の行動は「うれしく」感じ、自分の価値観に沿わない行動を「腹立たしく」感じるからです。

これはある意味、宗教の「戒律」や「タブー」に似ているので、破った相手を裁きたくなるのです。

たとえば、私は以前、「まじめ」で「正しい」性格でした。

会社員時代には、「仕事は期限を遅らせたり、いいかげんにやっつけるのではなく、カッチリとするべきだ」という価値観があったため、仕事を適当にすませたり、サボったりする人にはひどく腹が立ちました（反応しました）。

同時に、「品質のよいものは美しい」という価値観もありましたので、いい仕事や片づいた部屋を見ると、とてもうれしく感じました。

あなたはどんなものに怒りや喜びを感じるか、よく考えてみてください。そして、そう思うようになったきっかけ「核」を探してみてください。私の場合は、小学校のときの先生が厳しかったことが大きく関係しているようです。

自分の変えたい性格を思いどおりに変えるためにも、本書のテーマである「性格という反応パターン」を見直す必要があるのです。

そして「性格という反応パターン」を変えることができると、

「私は●●な性格だから、○○できないのです」

という思考に変化が生じ、

「私は●●な性格だから、△△できるのです」

となり、そのあとは、行動までも変えることができるようになるのです。

つまり、「**自分自身が思う自分の性格**」を変えることができれば、行動が変わります。そして逆に、「**自分自身が思う自分の性格**」を変えるには、先に行動を変えるようにしかけていく、という逆からのアプローチもひとつの手法になってきます。

2 「自分自身が思う自分の性格」と「他人から見た自分の性格」

「他人から見た自分の性格」は、自分が知らない本当の自分

自分でイメージしている自分の姿と、人から見た自分の姿には違いがあるものだというお話をしました。

他人がとらえているあなたの性格は、自分が知らない本当のあなただともいえます。これを知ることで、自分の本当の姿が、よりリアルに見えてくるかもしれません。

私が開催しているワークショップでは、ペア、もしくは何人かが集まって、目の前のパートナーのプロフィールを「想像」するというワークを取り入れています。

たとえば、次のような項目について、目の前の人に自分が想像したことを伝えていきます。

【目の前のパートナーは……】
●どこに住んでいるか
●何人兄弟の何番目か
●結婚しているか
●どんな仕事をしているか
●血液型は
●休日の過ごしかたは
●どんな性格か

もちろん、なんの根拠もありません。その人から伝わってくる雰囲気や見た目ですべて判断して相手に伝えます。すると、あたっている項目や、そうでない項目を通じ、いろいろと客観的なことがらがわかってきます。

自分では陽気な性格だと思っていても、「静かな方だと思います」といわれて驚いたり、逆に自分では暗い性格だと思っていても、「きっと友達が多くて、楽しい人だと思います」といわれたりすることもあります。

「自分の性格とはどういうものか」という視点は、他人からどのように受け止められているのかが重要な要素になります。

自分ひとりで生きているのではなく、他人とのかかわりのなかで生きていくのですから、自分が思っていることよりも、他人が思うことのほうが、人間関係においては、大きな影響を与えているといえます。

このワークをやってみると、「自分はこういう性格なんだ」と思うことで、自分自身で自分をつくっていることが実感できます。そして、他人から見た自分と、自分で思っている自分（セルフイメージ）とのギャップに、気づくことができるのです。

だから、自分のことを「こう見られたい」と思って、いくら仮面をかぶっても、他人は勝手にあなたを見て判断しますし、多くの場合、隠していてもばれてしまいます。

たとえ「見られたい」ように見られたとしても、居心地が悪くて、楽な自分でいられないということがわかります。

個性にはそもそも「よい」「悪い」はない

人にはもともと生まれもっていて変わらない「個性」があります。

個性とはその人の特徴であり、「よい」「悪い」などと判断するものではありません。し、その判断自体が「反応」です。もし仮に、それが「短所」に見えたとしても、それは個性のひとつの見えかたに過ぎないのです。

「短所」とは、「あることがらに当てはめたときは短所」になるのであって、別の場面ではそれが長所になります。

たとえば、「気が短い」という短所を感じている人がいたとしても、急ぎの仕事の場合は、その「気が短い」という短所が、即断即決という強力な長所になるのです。

したがって、これを伸ばして、これを押さえる、というものではなくて、いまある「個性」そのものを丸ごと受け入れるという対処方法が、その人らしさをもっとも生かし、魅力的にすることにつながります。

3 自分が本当はどう思っているかを大事にする

「他人をどうするか」ではなく「自分がどうなるか」

前項でもお話ししましたとおり、強力なかさぶたによって強い抑圧を続けたときには、なにかのきっかけで、人生の軌道修正を起こさせるような事件が、しばしば引き起こされます。

しかし、せっかく人生の軌道修正に気づかせてくれるその出来事が起きても「かさぶた」をとろうとしないでいると、つまり、自分の価値観でなく、他人の価値観で生きていこうとすると、なんとも不思議なことに、かさぶたをとって、本当の自分を出すまで「個性（本当）の自分」は、事件を引き寄せ続けてしまうのです。

ですから「違和感」を大切にし、体からのメッセージに耳を傾ける必要があるのです。そして、それを手助けするのが「心理療法」なのです。

ただし、ひとつだけ注意点があります。

変えられるのは「あなたの性格」だけだということです。

他人の性格、妻や夫の性格、親や子どもの性格、部下や上司の性格を変えようとしても、それはできません。他人のことはコントロールできないからです。

しかし、実はセラピーに来られる方の半分は「他人を変えたい」という方なのです。

他人を変えようとしてもなかなか変わらないのに、変えようとし続けるから苦しいのです。

相手への要求がある場合、その要求は伝えなければ理解してもらえません。また、伝えたからといって、相手が聞き入れてくれるかどうかもわかりません。これは人間関係においては、しかたのないことなのです。

最近よく見られるのが、相手になんらかの要求の気持ちをもっていながら働きかけず、気づいてくれないといって、すねて怒ったり、落ちこんだり、いじけて傷ついたりするケースです。

「信じていたのに裏切られた」「わかってくれると思っていたのに」などといって、

長年の人間関係を断ち切るぐらい思いつめていたりしますが、私は、「思っているだけでは伝わらない」ということに気づく必要があると思います。

それがわからないと、いつまでたっても問題が解決せず、苦しみ続けることになってしまいやすいのです。

自分が変わることで相手も変わる

ですが、場合によっては、他人の性格が変わることもじゅうぶんあります。次のようなケースには、かなりの人が悩んだ経験があるかもしれません。

メーカーに勤務する、中間管理職の和美さん（三六歳：仮名）は、「部下の行動にいつもイライラして困る、仕事にならない」といってご相談に来られました。

いつからそう感じるようになったのか、どんなことがあったからそう感じるようになったのか、などをうかがっているうちに、和美さんは、

「なめられたくない」
「上司としての役割をまっとうするべき」
「部下はこうあるべき」
「仕事はこうあるべき」

という思いや価値観によって、その思いにそぐわない行動をする部下へのイライラが発生していることに気づきました。

どうしてそのような価値観を持つようになったのかを探っているとき、急に和美さんが叫び出したのです。

「私、昔はこんな性格じゃなかったの！」

私は和美さんに質問を投げかけてみました。

「では、昔のあなたはどんな性格だったんですか？」

「もっとおっとりして、人に対しても優しかったはずなんです……。でも、そんな態度はビジネスで通用しないっていわれて……」

私は、重ねて質問しました。

「もし、『昔の和美さん』に戻ったとしたら、本当に部下や周囲の人になめられたりするんでしょうか？　イメージしてみてください」

和美さんに「昔の自分」に戻った未来をイメージしていただきました。

静かに目を閉じ、しばらくの間自分の姿をイメージしていた和美さんは、はっきりといいました。

「部下を認め、成果をつくり出せている自身の姿が見えてきました」

その瞬間、和美さんは「いままでのやりかたはやめよう」と気づかれたのです。その後、和美さんは穏やかな性格に「戻って」、以前よりもずっと大きな成果を上げ、職場は部下ともども評価されるようになったと、うれしそうに報告に来てくださいました。

和美さんが本来の自分に戻ったとき、希望していた結果を手に入れることができました。部下たちは上司をばかにするような行動をしなくなり、仕事のしかたも大幅に改善されたのです。

つまり、他人の行動を変えることへの成功につながったのでした。それは、皮肉にも他人を変えようとすることを止め、自分の行動を変えることによって手に入れられたのです。

「私はできる上司、部下に厳しい上司」というセルフイメージを持っていた和美さんは、実はとても苦しかったのです。

そして「自分らしい」セルフイメージに「戻る」ことで、悩みの種となっていた性格を変えることに成功し、人間関係が改善できたのです。

性格を変えるには「勇気」「決心」が必要だからこそ、心理療法が有効

和美さんは、もとの優しい自分に戻って、望ましい状況を手に入れました。

では、もしもあなたが、「優しくない」自分に悩んだ結果、努力や苦労を重ねて「優しい性格」に変わったとしたら、どんな変化が生じるでしょうか。仮定して考えてみましょう。

もしもあなたの心の奥にある「個性」が、短気でせっかちなものだったとすると、取りつくろった優しさは、あたかも「優しい仮面」をずっとかぶっているようなものとなります。

これでは、つねに違和感を感じ、息苦しくて続かず、逆にイライラする日々を過ごすことになってしまいます。本末転倒な結果です。

和美さんの例でもわかるように、「こう考えよう」とか「こうしなければ」と思って努力することが、性格を変えるのではありません。

和美さんの場合、「昔の自分」「本当の自分」を思い出し、その姿に戻ることだけで、

一瞬にして性格を変えることに成功しています。

和美さんは「望ましいと思う役割を演じる」というパートに支配されていました。そして、そのパートに退いてもらったのでした。


もとの自分に戻ることには、なんの苦労も努力も必要ありません。

ただし、大切なのは、「人からこう見られたい」という仮面をかぶり続けるのではなく、仮面自体をはずし、「恥ずかしい」「つらい」と感じるかさぶたを取り除いて、「本来の自分」に「戻る勇気」が必要なのです。

これは「努力」することで手にするものではなく、「気づいて、決める」だけなのです。

あまりにも仮面やかさぶたが強力な場合、本来の自分を見失っていることも考えられます。

しかし、自分と向きあって、つらさや「問題」、体の違和感を感じたときには、とりあえず自分がなにかを我慢していることに気づき、我慢することをやめてみてください。これも勇気が必要です。

頭で理解できなくても、勇気を出すと決めると、さまざまな偶然や、ラッキーな出来事が増えてきます。それは本当の自分が生き返ってきた、小さなサインなのかもしれません。

心の世界では、そのような不思議な偶然を「シンクロニシティ」とよびますが、私はそれを意訳して「渡りに船」とよんでいます。

4 四種類の心の変化が性格をつくる

交流分析に学ぶ、心のありかたの見極め

性格の状態や移り変わりについて、非常にわかりやすくまとめられたものがあります。それは「交流分析」という心理療法です。

この理論では、心の状態を大きく四つにわけています。

❶ I'm not OK, You're not OK.（私はＯＫではない、あなたもＯＫではない）
❷ I'm OK, You're not OK.（私はＯＫである、あなたはＯＫではない）
❸ I'm not OK, You're OK.（私はＯＫではない、あなたはＯＫである）
❹ I'm OK, You're OK.（私はＯＫである、あなたもＯＫである）

これは性格の「内容」ではなく、その人のそのときの「心の状態」を表します。「状態」ですから、その人の置かれた状況によって移り変わっていきます。次の解説を読んで、ご自分がいまどこの状態にいることが多いのか、あわせて考えてみてください。

❶ I'm not OK, You're not OK.

私はダメです。あなたも信じられないという、捨て身のどん底といった状態です。このような状態になると、うつや自傷、自殺に走ることもあります。

❷ I'm OK, You're not OK.

私は正しい、間違っていない。あなたが悪い、間違っている、といった状態です。自分は正しいので、まわりの人に「変わる」ことを要求します。「許せない」「〜するべき」「正しい」が口ぐせだったりしますので、なかなか自分以外の人を認めることができません。

また、基本的に自分のこと（価値観）は正しいと思っていますので、それに反する行動を他人が取ると、激しく怒りを覚えたり、攻撃することもあります。自分の能力が優れた部分では、人をバカにするような行動に出てしまうこともあります。

逆に、自分自身が思うようにならない苦手なことなどを他人から指摘されると、激しく反発したり劣等感を強く感じてしまいます。

そういった意味でいえば、自分のことが好きなように見えますが、実はその半分は強い劣等感に包まれています。ちょうど、「見られたい」と「見られたくない」という二重のかさぶたができている状態です。

❸ I'm not OK, You're OK.

これは劣等感に包まれた状態です。自分の役割や価値、能力を見失っている状態です。そして、他人がうらやましく、大きく見えて、自分も変わりたいと切実に悩んでいます。そして「自分が信じられない」「自分が嫌い」「自分には価値がない」という状態です。

この本を手にとっていただいた方は、きっと「自分が変わりたい」と思っている方が多いと思いますので、この状態が当てはまっているのではないでしょうか。「他人から〜のように見られたい」というかさぶたが取れてしまって、「見られたくない」かさぶたが露出しています。だから、あと一歩で「自分の個性」が見えてきます。

④ I'm OK, You're OK.

かさぶたがなくて、自分の長所はもちろん、自分の短所も受け入れて認めることができる状態です。もちろん、他人になにかを求めることや、攻撃することもありません。他人の失敗も理解し、許し、受け止めることができます。

だから、どんな性格であっても、それを受け入れることができれば、本来の「個性」を最高に発揮することができるのです。「自分のことが大好き」で、自分の感情を好き嫌いまでも豊かに表現し、だからこそ、他人にも優しく、そして与えることができます。

あなたは、いま、どの状態でしょうか?

第4章

セルフカウンセリングで性格を変える

1

「本当の自分の姿」に気づく12の質問

自分自身を理解し、問題を整理するために

これまでの章では、性格の成り立ちや、個性の正体などについて解説してきました。いよいよこの章では、性格を変えるための実践に入ります。ここでは「心理療法を応用した」方法、とくに「ひとりでできるもの」に絞った方法をお伝えしていきます。

まず、あなたの性格・パート・プログラムを変えていくまえにやるべきことから、具体的にお話ししましょう。

次章のエクササイズに入るまえに、これからあげる12の質問に答えてみてくださ い。それらの質問内容と向きあうことは、自分自身を理解し、問題を整理していくために大切な作業です。

本章をとばさずに、どうかしっかりきっちりと行なってください。

そして、読者のみなさんに心からのお願いです！

この本には、ヨレヨレになるぐらい、しっかり書きこみをしてください。「書き込んだら古本屋に売れなくなるじゃないか」などという考え（？）はひとまず置いて、いまのあなたに必要なレッスンを、この本とともに行なってみましょう。

すごく役に立った！　古本屋に売らなくてよかった！　と思っていただけるくらい、じゅうぶんな効果が期待できるはずです。

あなたの「仮面」「かさぶた」「個性」が見えてくる

それではいまから、あなたを変える手順としての、重要な質問をします。

質問のあとの「空白」スペースに、手書きで書いてみてください。ひとつひとつ真剣勝負で、「いまよりもっとよくなるんだ！」という決意とともに、この本に書きこんでいきましょう。

そして、これらの質問に答えていくことで、

●いちばん外側の「仮面」
自分がどんな人に見られたいと思っているのか
●あなたの「かさぶた」
自分が知られたくないと思って隠そうとしていた自分
●あなたの「個性」
感情を大切にして生きる、個性の自分

が、はっきりと見えてきます。もしも、わからないところや書き込めないところがあったら、とりあえず置いておいて、先に進んでみましょう。

では、スタートです。

質問1　あなたはどんな性格ですか？　ひと言でいうとどんな人ですか？

例：人見知りをする性格。人間関係が下手。

質問2　その性格のためにどんな問題が起こっていますか？

例：なかなか新しいことにチャレンジできないので人づきあいが狭く、とても寂しい思いをしている。

質問3 その問題はいつから抱えていますか?

例：中学生ぐらいから。

質問4 どんな出来事があったから、そんな性格になったのでしょうか?

例：いじめにあってからかもしれない。

質問5

あなたはその性格が変わることで「どんな人だと見られたい」ですか？

例：だれにでも気軽に話しかけられ、雑談なども楽しんでもらえる楽しい性格。

質問6

あなたは自分のどんなところを知られたくないですか？

例：本当は優しくないところ。

質問7

どんな性格になれたらうれしいですか？

例：社交的な性格、だれとでも話せるように。

質問8

どうなったら「性格が変わったんだ」とわかると思いますか？

例：パーティなどに出かけ、自分から話しかけられるようになったとき。

質問9 性格が変わったらどんな新しい日常がはじまりますか？（いい面と悪い面）

例：会いたい人に気軽に会えて、いろいろな人脈の広がりを見せていると思う。いまよりずっと忙しくなると思う。

質問10 あなたが新しい性格を手に入れるために必要なものはなんですか？

例：話題や勇気、楽しい話のできる能力。

質問11

そのなかであなたがすでに発揮していたものはありませんか?

例:小学校まではその能力があった気がする。

質問12

新しい性格を手に入れるために、なにをすればいいのかはわかりました。しかし、それができないから悩んでいます。では、あなたの行動を止めているのはなんですか?

例:話しかけても間がもたずに気まずい思いをしたり、いやがられたり、話題が続かなかったりするのではないかと思う怖い気持ち。

2 12の質問には、それぞれどんな意味が隠されているか

質問が導き出す本当の自分

いかがでしたか？

実は、これらの質問に答えていくだけでも、いろいろなことに気づき、性格が変わってしまう人もいます。そうです、「気づく」ことがなにより大切なのです。いままで知らなかった「自分のこと」が少し棚卸《たなおろ》しできたかもしれませんが、逆に、面倒くさくなってしまった人もいるかもしれません。

実際のセラピーの場面では、このような質問を次々と投げるのではなく、ひとつ投げては答えていただき、そこから軌道修正したり、お話を広げながら進めていきます。ひとりでは面倒なこのような作業も、だれかに「質問」してもらうことで、自分で

は思いも寄らなかったような答えが出てくることもあります。

それではここで、それぞれの質問がどのような意味をもっているのか、少し解説してみたいと思います。

質問1 あなたはどんな性格ですか？　ひと言でいうとどんな人ですか？

←あなた自身の**セルフイメージ**（自分がどんな人だと思っているか）がわかります。

質問2 その性格のためにどんな問題が起こっていますか？

←「その性格」が本当に**問題があるのかどうか**を確認しています。考えてみればたいした問題ではなかったり、問題を書き出してみると、実は解決ずみのときさえあります。

質問3

その問題はいつから抱えていますか？

その「性格」というプログラムがつくられた**時期**を特定することで、問題の原因を見つけやすくします。

質問4

どんな出来事があったから、そんな性格になったのでしょうか？

出来事を特定することで、「核」や「傷」を見つけます。

質問5

あなたはその性格が変わることで「どんな人だと見られたい」ですか？

これが、あなたが醜いかさぶたを隠そうとしてかぶっている「**仮面**」です。

その仮面が、あなたの個性や本質にそぐわないものだとしたら、とても生きづらく、苦しく、違和感を感じることになります。ビジネスの社会で生きている人は、「べき」というこの仮面をかぶっている場合が多いようです。

質問6

あなたは自分のどんなところを知られたくないですか？

←これが「核」を守ろうとしている「**かさぶた**」です。

質問7

どんな性格になれたらうれしいですか？

←**ゴール設定**です。「いまがいや」ではなく「どこに行きたい」ということが明確であるほど進みやすいですよね。

質問8

どうなったら「性格が変わったんだ」とわかると思いますか？

←

これは「**証拠**」を求めています。そして「その人にとっての具体的な第一歩」につながります。「優しくなりたい」「もっと強くなりたい」といっても、どうなればそうなったといえるのかがわかりません。それを「目で見てわかるもの」として表すことで、ゴールはより明確になります。

質問9　性格が変わったらどんな新しい日常がはじまりますか？（いい面と悪い面）

↓

「目標の向こう側」「目標を達成したあと」の生活のことを聞いています。「なりたい性格」は、「そうなって何かがしたいから」求めるのです。それが本当にしたいこと、すなわち「**ゴール**」です。ここが楽しいからこそ、途中の目標としての「性格を変える」ということも楽しく実現するのです。

同時に、「いいことばかりが起こる」と思いがちですが、自分の性格が変わることで忙しくなったり、まわりに迷惑をかけたりして、本来の目的とは違うトラブルが起こらないかを確認できます。

質問10 あなたが新しい性格を手に入れるために必要なものはなんですか?

↑ なりたい性格に変えるために**必要なもの**が、案外少ないことに気づきます。

質問11 そのなかであなたがすでに発揮していたものはありませんか?

↑ あなたが「もっていないと思っているけれど、実はもっているもの」に気づいてもらう質問です。「**問題の解決方法**は、その人がもっている」というのが心理療法の考えかたの原点です。そして多くの場合、自分の経験のなかですでにそれを発揮しています。

質問12

新しい性格を手に入れるために、なにをすればいいのかはわかりました。しかし、それができないから悩んでいます。では、あなたの行動を止めているものはなんですか？

↓

これが「**心のブレーキ**」です。ブレーキの「意図」を知り、はずしていくことで、性格が変わっていくのです。あなたを怖がらせている「見えない敵」を明確にしていきます。

質問へのあなたの答えは、あなた自身のカルテ

以上の12の質問で、ご自分が考えている性格や、これから目指していきたいものなどが明確になったと思います。これはあなたの大切なカルテです。

いろいろな気持ちや思いがほとばしって、ご自分の意外な一面を見た方もいらっしゃるでしょうし、なんだか鉛筆が進まずに、手が止まってしまった方もあるかもしれません。

決して急いだり、あせったりする必要はありませんから、ご自分が快適だと思えるペースで向きあってみてください。

そして、いよいよ次章では、必要なステップを踏まえた実践に入ります。

第5章

7パターンのセラピーで性格を変える

セラピーをはじめるまえに

これまでに実践したとくに効果が高い7つのセラピー

前章のセルフカウンセリングで、自分の心と悩みを具体的にしたところで、いよいよ性格を変えるための実践に入りましょう。

性格を変えるためには、いくつかの手段があります。本書では、私が学んだものを日々のセラピーを通じて改良し、そのなかでとくに効果の高かったものをご紹介したいと思います。

それは左ページに紹介する7パターンのエクササイズです。

この並び順で進めていくことが比較的多いのですが、なにに焦点を当ててセラピーをはじめるかは、クライエントの方の状況や希望により、それぞれ異なります。

セラピー1　心の壁をとり除く

セラピー2　自分の感情に向きあう

セラピー3　心の「核」を探す

セラピー4　自分が「できること」「もっているもの」を知る

セラピー5　心のブレーキをはずす

セラピー6　形からはいる

セラピー7　自分の未来を想像する

このメニューを順番どおりに進めたり、順番を入れ替えたり、必要なものだけを選んだりなどさまざまですが、はっきりといえるのは、クライエントの方の数だけ、セラピーの進めかたがあるということです。

それぞれのセラピーには、こんなに意味がある

さて、このメニュー内容を少し解説してみますので、ご自分にはなにが有効だと思うか、読み進めながら、ぜひとも考えてみてください。

セラピー1　心の壁をとり除く

まずは自分がつくっている壁をとることで変わりやすくするということです。

私たちは、周囲から傷つけられたり、自分の知られたくないものを隠すために、意識のバリアを張っています。まずはこれをとらないと周囲との距離を縮めることはできません。この壁は簡単なことでとり去ることができます。

セラピー2　自分の感情に向きあう

ネガティブな感情から逃げずに向かいあうということです。

自分の性格を嫌ったり目を背けたり、無理に変えようとしているときは変わりません。「まあ、いいか」と思える（受け入れる）ようになってはじめて心が動き出します。

セラピー3　心の「核」を探す

問題のある性格をつくった「出来事」を特定するということです。

「なにかがあったから」、いまのあなたを支配するパート（プログラム）ができたのです。その「なにか」が「核」となって、その核を守るためのプログラムができあがったのです。その「なにか」を特定することで、さまざまな思いこみや不要なものに気づくことができます。

セラピー4　自分が「できること」「もっているもの」を知る

性格で悩んでいるときは、自分の「できないこと」「不要なもの」ばかりに焦点を当ててしまいます。でも、自分にはすでにもっているものがあることや、過去のつらい体験のなかに必要なものがあることに気づくと、それらを「もっていた」にもかかわらず、「もっていない」と思いこみ、使わなかったことに気づきます。

気づくことができたら、すでにもっている「それ」を思い出して、使うようにすればいいのです。

セラピー5 心のブレーキをはずす

過去に起こった「核」は「事実」であり、変えることはできません。しかし、そこにまとわりついていた「感情」を手放すことはできます。それによって、過去は「経験」という「資産」に変わります。それに気づくと、多くの出来事が自分の「思い込み」「勘違い」であることに気づいていきます。

その「核」にいつまでもこだわることで、自分の歩みを「自分で止めている」のです。

セラピー6 形からはいる

言葉を変える、姿勢を変える、環境を変える、行動を変える。うまくいくための方法は、うまくいっている、すでにできている人から学ぶことがいちばんの近道です。

子どもが親から話しかたを習うように……です。

セラピー7　自分の未来を想像する

心理療法の手法によって「すべてがうまくいったとしたら、どんなことをしているだろう」と「想像」することで、未来が見えてきます。

性格を変えるとしたら、自分がどんな性格になりたいのか、そして、その性格になったとしたらどんな未来がやってくるのかを想像します。

未来というゴールが見えると、あとはどうやってそこまでたどり着くのかという具体的な行動に移しやすくなるのです。

いかがでしょうか。

ご自分に必要なエクササイズがイメージできましたか？

また、行なってみたいステップはありましたか？

では、ここから先は、セラピー1〜7の具体的なメニューの実践方法と、このメニューを活用したクライエントの方の事例をご紹介していきたいと思います。

セラピー 1

心の壁をとり除く

自分のまわりを覆っている「壁」「バリア」を感じてみます。

そして、それを切り裂いて、砕いて外に出てみるのです。すると外の空気、そして自分だけがこだわっていたなにかに気づくことができます。

【やってみよう!】自分のまわりをおおう「壁」を感じてみる

1

力を抜いて立ちます。

2

自分のまわりに自分を守っている
「壁」や「バリア」があるとしたら?
……その存在を感じてみます。

3

その壁を触ってみます。
手触り……、材質（ガラス?
アクリル?　木?　レンガ?
雲のようなもの?）……、
硬さ……、厚さ……、温かさ……。

4

壁を動かしてみます。
押したり……、引いたり……、
叩いてみたり……。

5

周囲を見渡します。その壁のなかにいると、
まわりはどんなふうに見えますか？
だれがいますか？　どんな色に見えますか？
そのなかの居心地、空気はどうですか？

6

一度外に出てみてください。
外から見たあなたはどんな顔をしていますか？
外から見た壁・バリアのなかのあなたは
どんなふうに見えますか？

7

なかに戻って、その壁を壊してみましょう。
押し倒すか、横に動かすか、ハンマーで
叩き割るか、ナイフで切り裂くのか……。

8

そして、そのまま一歩前に進み、
「えいっ！」と、外に出てみます。
外の空気はどうですか？
まわりになにが見えますか？
なかにいるときとどう違いますか？
自由に体を動かしてみてください。

9

では、ふりかえってあなたが入っていた
壁のほうを見てください。
そのなかになにがいますか？
なにを守ろうとしていましたか？
守ろうとしていたものを
「もう大丈夫だよ」といって
あなたのなかに戻してあげてください。

10

守っていたものを助けだしたあとには、
いままであなたが入っていた
バリアの残骸があります。
それはまだ必要ですか？

11

もし必要でないなら、捨てましょう。
でも、まだそのバリアとあなたは
へその緒のようなものでつながっています。
どんなものでつながっているか
感じてみてください。

12

では、そのつながっているものを、
切り離しましょう！
バチッ!!

13

切り離した残骸は、もう捨てましょう。
そして捨てるまえに「いままで
守ってくれてありがとう」と伝え、
ゴミ箱に捨てるか、トイレに流しましょう。

いかがでしたか？

この方法はイメージを使った、簡単なのにとても効果のある方法です。

他人との距離を感じたり、心を開けないときは実際に「壁」「バリア」をつくっています。「近寄りがたい」「プライドが高そう」という言葉で表されるように、このバリアは他人から見てもどうやらわかるようです。

また、これが取れたことも他人はわかるようです。

心のなかを変えるにも、バリアがあるとなかにアクセスできませんよね。

【実例】「壁の外に出てみると爽快な風が吹いてきた」

ここでは実際に試したクライエントの言葉をお借りします。

「まず僕がイメージした壁は、等身大の自分よりひと回り大きく、自分の前側にだけありました。色は無色透明でやわらかいアクリルのようなものでできていて、厚みは薄く、温度はやや冷たい感じでした。

そして、壁の内側の自分のまわりの空気はまったく動いていませんでした。いざ壁を壊しはじめると意外なほど簡単に壊れ、外に出ることができました。

その外に出てみてびっくりしました。さっきまで自分のまわりの空気はまったく動いてなかったのに、外に出た瞬間、なんともいえない爽快な風が吹いてきたんです。

それはどこまでも優しい、草原を駆けぬける風のようでした。思わず笑顔が出るほどの心地よさでした。それと同時に、『あれっ、この感覚は最近感じたことがあるな？』って思って、少し考えてみました。

するとわかったんです。『ああ、これって問題に逃げずに立ち向かい、ちゃんとそれを乗り越えたときの感覚と同じだなー』って。

そして、次にイメージに出てきた壁の意味についても考えてみました。すると『あっ、そうか、これって本当はもっとまわりとかかわっていきたいのに、その勇気がもてないためにできたものか』ってことに気づいたんです。

つまり、透明な壁は自分からまわりのことが見えるように、そしてまわりから自分の存在を見ててほしいということ。

等身大よりひと回り大きい壁は、自分からは前に行かない、簡単に自分のところに来る人は受け入れない、でもわざわざ横に回ってでも自分のとこに来てくれる人は大歓迎っていうこと。そして、動かない空気は動かない自分そのものって感じでした」

【解決のカギ】実は自分のほうが壁をつくっている

「他人との間に距離を感じる」「他人が自分のことを敬遠しているように思える」という方が多いのですが、この方法を試してみると、「あ、自分が壁をつくっていたんだ」ということに気づけます。

自分がつくっていたのなら、自分で取りはずせばいいのです。それには少し勇気が必要かもしれません。

その勇気を出す方法を、このあとお伝えしていきます。

セラピー２ 自分の感情に向きあう（その１）

ここで行なうのは、体の声を聞く、「フォーカシング」という方法と、その改良版です。いやなことに出くわしたり、思い出したりしたときに感じる「体からの違和感」「メッセージ」に意識を向ける方法です。

心の動きや感情が、体に現れることがありませんか？

胸が押しつぶされそうになる、喉が詰まった感じがする、ハラワタが煮えくりかえる……などなど、昔から、心の状態は体の部位を使って表現されています。

また現実に、学校に行きたくない子どもが、朝に腹痛を訴えるのは、うそをついているのでも気のせいでもなく、本当に腹痛になっているからなのです。

私たちがいままで知っていた「感情」をコントロールする方法といえば、湧き上がってきた「感情」を抑えこんだり、無視したり、我慢することだけであり、解決はしていませんでした。しかも、感情は「潜在意識」のなかにあって、押さえこんだり我慢することで、一時はコントロールできたと思っていても、実は潜在意識のなかにずっと残っています。そして、忘れたころにその感情を返してくれるのです。

潜在意識は「言葉」を話せませんから、あなたの体を使って、「意識」や「感覚」にメッセージとして働きかけてくるのです。すでにお話しした「違和感」もこれにあたります。

その「体からのメッセージ」に耳を傾ける（フォーカスする＝焦点をあてる）のが、フォーカシングという方法です。

文面を読むだけだと、少々奇妙で現実離れしたセラピーに思えるかもしれませんが、実際に試してみれば、自分の体を通して、抑えてきた感情と対面できることがおわかりになるでしょう。

それでは、体の感覚にフォーカスして（意識を向けて）いきましょう。

以下に手順を書いていきます。

●【やってみよう！】体に意識を向け、その部分に「もうひとりの自分」をイメージ

なんともいえない「いやな感じ」「重さ」「もやもや」「違和感」を感じたときにやってみます。

1 イヤな感じがしたら、それを「体のどこで感じているのか」、体に意識を向けてみてください。

2 のどのあたりから、下腹のあたりまで、センサーのようにゆっくりと手を滑らせて、「違和感」を探してみてください。

3

違和感を感じる部分に手を当てて、
しばらく感じてみます。

4

そして、その部分に「何かを伝えたい、
もうひとりの自分」をイメージしてみてください。
そして「人格」として大切に扱っていきます。

5

「こんにちは」と、
その部分に向かって声をかけてみます。

6

「そこにいるようですね」と、
「そこにある」ことを認めます。
また、体から取り出せるようなら、
取り出して手のひらに乗せてみてください。

7

そして「名前」をつけてみます。

8

その感じに波長をあわせる
（チューニングする）イメージで、
ゆっくりと……。

9

そして、いくつかの質問をして、
答えを感じてみます。
「あなたは、私になにを伝えたいの？」
「あなたは、どうして
そんな感じを出してくれるの？」
「あなたは、どうなればうれしいの？」

10

そして、「いままで気づかなくてごめんね。
そして無視したり、嫌ったり、
追い出そうとしてごめんね」と伝えます。
そして、その「感じ」が収まるまで
感じきってみます。

11

最後に「もうひとりの自分」にお礼をいいます。
「教えてくれてありがとう」
「また会いにくるね」

いかがでしたか？

このように、体からのメッセージに耳を傾けることで、「本当は自分がどう思っているのか」ということに対して、新たな発見や気づきが得られることがあります。いままで一生懸命なにかを伝えようとしているのに、無視されてきた感情は、「そこにいるね」と認めてあげるだけで喜ぶのです。

無視されることほどつらいことはありません。ほめなくてもいいのです。ただ、「そこにいるね」と、その存在を認めてあげてください。これは現実の目のまえの人にたいしても同じですね。

また、この方法も、自分のなかにもうひとりの自分（パート）を感じることで、抱えている問題を「客観的に見る」ことができるようになります。すると、冷静に問題を解決することができるようになるのです。

そのとき浮かんできた答えが「直感」なのか、「頭で考えている」のか、「体の声」なのかと、悩む必要はありません。その瞬間瞬間に「頭に浮かんできたもの」それを信頼してみてください。

この手法は、もともとの「フォーカシング」に「ＮＬＰ」のパートの考えかたをミックスさせたものです。

【実例１】「自分の胃のあたりに声をかけると、その痛みが消えた」

会社員の祥子さん（二八歳：仮名）は、積極的にふるまえるようになりたい、という希望をもって、セラピーに来ていました。しかし、セラピーが進んで、ある思い出を思い出したときに、胃のあたりに重たい痛みを感じました。

私は祥子さんに、痛みを感じた部分に向かって「あなたは、私になにを伝えたいの？」と、話しかけてみてもらいました。

祥子さんが話しかけたところ、なんと、「知らねーよ。自分で考えろよ！」という、冷たい返事が返ってきたような気がしたというのです。

私は驚いて、祥子さんに再度「私はあなたにどうすればいいの？」と話しかけてもらったところ、胃のあたりは沈黙してしまいました。

そこで、「いままで無視しててごめんね。これからはちゃんと会いにくるから」と伝えると、なんともいえない温かい感じに変わり、直後に、「寂しかった」という感じが伝わってきたと教えてくれました。

そこで、そのまま胃のあたりに向かってもう一度、「いままで気づかなくてごめんね。これからはときどき会いにくるからね」と伝えると、いままで重たかった感じが急に軽くなり、祥子さんは安心感と同時に、ピンクのハートを感じたそうです。

【解決のカギ1】人に嫌われるのを恐れず、自分の意見をいうようにした

いままでの祥子さんは、人に嫌われるのが怖くて、自分の意見をいうことは滅多になかったそうです。

しかし、このセラピー以降、電車に乗っているときやお風呂に入っているときなどに、たびたびその部位に話しかけるように心がけてみたところ、

「我慢しなくていってもいいのに」
「いっても嫌われたりしないよ、大丈夫だよ」
「もうまわりにはばれてるよ」

というメッセージが返ってくるようになりました。

そして思い切って自分の意見や、ネガティブな感情もいうようになったところ、まわりの人に「祥子さん、なんか明るくなったね！」といわれるようになったそうです。

「私の人生が大きく変わりました！」とうれしそうに電話をくれた彼女の声を、いまも思い出します。

【実例2】「自分の胸のところから、優しくさとされたような感じがした」

派遣社員のさとみさん（四二歳：仮名）は、ふたりの姉妹のお母さんで、四年前に離婚されています。仕事を続けながら子育てをし、再婚を試みますが、相手は見つかってもなかなかうまく結婚まで結びつきません。そして、そのイライラを子どもたちにぶつけてしまうことにとても悩んでいました。

「よい母」を演じようとしてもうまくいかず、感情的になってしまう。早く安定したパートナーを見つけたい……とのことでした。

しかしさとみさんは、「よい母とは子どものことだけを考えている母である」というイメージをもっていて、自分の幸せを考えることに罪悪感を感じていたのです。

だから「よい母」を演じるとイライラしてしまい、また、そのような体験から

「自分の価値」を見失っていました。

そんな感情にさいなまれたとき、

「自分は自分の価値を認めてもいい」

とつぶやくと、自分でつぶやいているのに、だれかに優しくさとされたように感じ、その気持ちは胸のあたりにあることに気づきました。

その感じを「ここちゃん」と名づけました。「ここちゃん」をイメージのなかでぎゅっと抱きしめると、小さくなって怖がり、震えているのがわかりました。「ここちゃん」は、自分のなかにある、「外には出てはいけない、出してはいけない、小さなこころの私」でした。寂しくて、だれにも気づいてもらえず震えていたのです。

「ずっと一緒だよ」と声に出して抱きしめると、胸がキューンとして、ずっと抑えてきた自分の気持ちの一部が、ほかの気持ちとひとつになってスウッと自分のなかに入っていく、そんな気がしました。

【解決のカギ2】短所もふくめ、自分を丸ごと受け入れる

さとみさんに必要だったのは、新しいパートナーではなく、まずは自分を丸ごと大事にすることだったのです。

さとみさんはいままで、自分を粗末に扱ってばかりいたことに気づかれたようでした。それ以降も、たびたび「ここちゃん」に話しかけることで心が落ち着き、お子さんとの関係もよくなっていきました。

このように、いまの自分の短所・できないところ、いやな部分を「受け入れる」ことで、大きな変化が起こります。でも、「受け入れられない」といわれる方が多いのも事実です。無理に受け入れなくてもいいのです。まずは、嫌ったり、追い出そうと「抵抗しない」だけでいいのです。

セラピー

2 自分の感情に向きあう（その2）

「怒り」「悲しみ」「嫉妬」などのネガティブな感情が出てきたとき、嫌がったり、押さえつけたりしますが、そうすることで感情は余計に暴れてしまうことになります。

喜怒哀楽のどの感情も「エネルギー」です。エネルギーは、使わないとたまっていきます。今回はその「使いかた」を試してみましょう。

●【やってみよう！】怒りや悲しみなどを抑えず、じっくり感じてみる

1 怒りや悲しみ、嫉妬などが湧きます。

2 それを抑えようとするのではなく、じっくり感じてみます。収まるまで感じてみ

ます。「あぁ、いま私は怒っているんだ」「あぁ、いま私は悲しんでるんだ」「あぁ、いま私は自分のことをダメだと思っているんだ」

3 それだけで感情が鎮まってきます。

4 それでも鎮まらないときは、「くやし――‼」「かなし――‼」「さびし――‼」「うらやまし――‼」と、すっきりするまで大声で叫んでみます。

5 叫ぶ場所がないときは、それらの感情をこめて「ふ――――っ‼」と大きく息を吐きます。何度も何度も吐いてみてください。

いかがでしたか？

喜怒哀楽のエネルギーは、きちんと使わないとたまります。たまりすぎるとあふれ出したり、うつにつながることもありますから、こまめに出すことも大切です。

【実例】　ひどいサービスやマナーに腹が立ったとき

著者の私自身、ひどいサービスを受けたり、マナーの悪いふるまいや理不尽なことをされたとき、さびしいときなどにこの方法を使います。すごくすっきりしますよ！

【解決のカギ】　汚い言葉もたまには吐き出しておく

「汚い言葉を使ってはいけない」というのを心がけていますが、それが「過ぎる」と、本心（怒りや悲しみ）までも隠して、無理していい言葉を使ってしまいます。

見た目はいい言葉を使っていても、腹のなかが真っ黒だと、顔に出たり態度に出てしまい、結局は同じですので、たまには汚い言葉やネガティブな感情も、言葉として、体の外に出してあげてください。

セラピー 3

心の「核」を探す

ここで行なうのは、ＮＬＰのタイムラインという方法を応用したものです。

私たちは、出来事の記憶を「時間軸」に乗せて記憶しています。年表のようなものをイメージしてもいいかもしれません。

ある「性格」ができるのは、いままでお話ししたようにさまざまな「核」や、それを守ろうとする「かさぶた」が関係していて、それが自分のなりたい状態を阻害しているのかもしれません。

過去の「ある出来事」にこだわるあまり、そこに杭《くい》をさしてしまい、自分で自分の腰に紐を結んで進めなくしている……という状態です。

もしそうであれば、その杭を抜いてしまえばいいのです。そのためにも、「核となる出来事」を探ってみる必要があります。

【やってみよう！1】あのころはどんな性格でしたか？

時間軸を使って、「出来事」を特定していきます。以下の質問を自分で解いてみてください。

1 幼稚園のころからその性格でしたか？

2 小学校低学年のころはどうでしたか？

3
小学校高学年のころはどうでしたか？

4
中学校のころはどうでしたか？

5
高校のころはどうでしたか？

この質問により「変化のあった時期」が見えてきます。時期が見えてきたら、次の質問をしてみます。

6 そのころに、どんな出来事がありましたか？

7 その出来事を通じて、どんなことを強く思いましたか？

●【やってみよう！2】1のセラピーでうまく見つからない場合

1 自分の「過去」がどちらにあるか、感じてみます。
（うしろ、前、左、左斜め前、下など）

2

その「過去の方向」に
背を向けるイメージをします。

3

そのまま過去に意識を向けていると、
ゆっくりと記憶が過去に戻りはじめます。

4

すると、いまのあなたを困らせている性格の
「根本的な原因」となった出来事に
戻っていきます。
そしてその場面を見ることができます。

5

ゆっくりと深呼吸をして、
過去に意識を向けて……
潜在意識に任せてみてください。
「根本的な原因」となった場面まで
潜在意識が連れていってくれます。

6

それはどんな場面でしたか？
そこでなにをいえなかったですか？
そこでなにを強く思いましたか？
なにを決めましたか？

いかがでしたか？

「パート」「プログラム」は、目的をもっています。その目的となる出来事があれば、それを解消すれば目的は必要ありませんので、プログラムも必要なくなります。

たとえば、だれかからいやなことをいわれたり、傷つけられたときに、強く決心することがあります。「もう笑わない」「もう本音はいわない」「人前には出ない」などです。

また、たとえばいじめられた体験などでは、そこで「いじめられた理由」を考えます。原因がはっきりしない場合は「仮説」を立てます。

「自分の～が悪いからだ」「自分が～をできないからだ」などの仮説を立てて、それをかばい、証明する性格をつくりあげてしまうのです。

【実例】　意外な過去を原因としていた「恋愛ができない」という悩み

心屋のワークショップに参加された謙一郎さん（三九歳：仮名）は、恋愛ができないという悩みをもっていました。

ワークショップ中にこの方法を試してみたところ、小学校のときにプールでおぼれて先生に助けられた場面が出てきました。恋愛と関係のない場面に疑問を感じましたが、おぼれた理由は、彼の「背が届かなかった」ことにあることを思い出しました。助けてくれた先生は、大したことではなかったので笑っていたそうですが、そのときに彼が感じたのは、「背が低いのは笑われることなんだ」ということでした。

それ以来、彼はずっとそのことを気にして、恋愛も、仕事も、人生全般に対して卑屈になってしまったのです。

【解決のカギ】　核となる過去の出来事に気づき、そのことを隠さず、解消する

謙一郎さんはワークやセラピーを通じて「背が低いのは恥ずかしいことではない」「すべてのうまくいかないことをそのせいにしていた」ということに気づき、その日から自分のことを「ちっちゃいけんちゃん」とよぶようにしました。

核となる出来事に気づき、そのことを隠さずにさらけ出し解消していったことで、彼の人生観・価値観・視点が一変したのです。

セラピー 4

自分の「できること」「もっているもの」を知る（その１）

ここでは、視点を変えるためのセラピーを行ないます。

心理学的には、「ものの見方」を変えることを「リフレーミング」といいます。「ものの見方という枠（フレーム）」を変えるという意味です。

落ち込んでいたり、なかなかうまくいかないときは、「なんで自分はこんなこともできないんだろう」と、自分の性格を呪ったり、自分の能力のなさを嘆いたりしながら、自分の「できないこと」にフレームをあわせています。

また、過去の自分に起こった不幸な体験をいつまでも抱えている人もいます。そして、「だから、いまこんなふうになってしまった」と考え、いつまでもその過去を手にとって分析し、人にもこの悲惨さをわかってもらおうと、実に詳細に説明します。

すると、聞いているほうも次第にイヤになり、離れていきます。するとその人は、

「ほら、やっぱり自分はダメな性格だから、人は離れていくんだ」と、嘆きます。

このように、自分のダメな部分を証明する行動をとり続ける人は、実に多いのです。

私はこのような人のことを、「被害者モードに入っている」といっています。過去に起こった出来事のなかで、「自分にとって悪い出来事」をいつまでも引きずっているのです。

過去の出来事や、昔の自分をとても嫌っています。まるで自分の体から出た排泄物を嫌うように。

しかし、私たちの排泄物は、古くなったり量が集まると「こやし」になるのです。食べ物を食べたあとに生じる排泄物も、自分で選んで食べた結果です。

とはいえ、悪い出来事をそんなに簡単に変えることなんてできない、と思われるかもしれません。しかし、この「マイナスのフレーム」を一瞬で「プラスのフレーム」に変えてしまう「魔法の言葉」があるのです。

では、以下に手順を書いていきます。

【やってみよう！】過去の最悪の出来事をあげてみる

あなたにとって、過去に起こった最悪だと思っている出来事を三つあげてください。

1

2

3

書き出せましたか？　では、それぞれの文章のあとに「ま、いっか　おかげで」という文字をつけてみてください。そして、それぞれの文章を続けてみてください。

例：小学校のときにいじめにあって、とてもつらい思いをした。

ま、いっか　おかげで

いまは人の気持ちがわかり、そんなときの対処方法を考えることができる。

この調子で、あなたにとってのいやな出来事のあとに「ま、いっか」と「おかげで」をつけてみてください。

1

ま、いっか　おかげで

2

ま、いっか　おかげで

3

ま、いっか　おかげで

いかがでしたか？

「ま、いっか　おかげで」から続く文章はどうなりましたか？

これが過去の失敗や汚点が「こやし」になる瞬間です。

いままでつらいだけだった経験が、いまの人生、そしてこれからの人生に大きく役立っていることがわかっていただけたのではありませんか？

つまり、あなたに起こっている出来事は、すべてあなたに必要なことだということです。それらの経験を通じて、あなたは、数え切れないぐらいの「資源」を手にしているのです。

「考えかたがうしろ向きだから、もっとポジティブに考えないといけない」などと思っても、なかなかうまくいかないかもしれません。

しかし、ちょっとしたコツを知っているだけで、ものの「見かた」や「イメージ」は案外簡単に変わるものです。

すると、ポジティブやネガティブという概念を超えた「新しい行動」が生まれます。

そうして行動している人のことを、人は「ポジティブ」というのかもしれません。

けれども本人は、ただ「前を向いて」歩いているだけなのです。

セラピー 4

自分の「できること」「もっているもの」を知る（その2）

さて自分の「できること」「もっているもの」を知る方法をもうひとつ紹介します。

人というのは、無意識に「バランス」を取ろうとします。欠けたり、穴が空いていたら、埋めることでバランスを取ろうとするのです。

そのため、日々の行動のなかでも、「できないこと」「欠けている」ところを埋めようとします。つまり、できないことばかりに目が行ってしまうのです。

もちろん、できないことをがんばって埋めていくから、人は成長するともいえますが、すべてを完ぺきに埋めようとすると、なにかを犠牲にしたり、常に無理をしたりして、苦しくなってきます。

足りないものを埋める努力をしつつ、「いまあるもの」に目を向けることができれば、「埋め続け、ないものを求め続ける苦しさ」は少しずつ減っていきます。

しかし、いまあるものに目を向けよう、と急にいわれても、なかなかできるものではありません。そこにもやはり、少なからず「練習」が必要なのです。「あるもの」に目を向ける練習です。

セラピーにお越しになる方には、「自分に自信がない」「自分なんて」という発言をされる方が多いものです。

自分を、劣っている、ダメだと思っていると、なかなかよくなれません。「ダメだ」と思っている人は、自分が思っているとおりの「ダメ」なふるまいをしてしまうからです。

そういった方は、自信をつけることがもっとも有効なのですが、なかなかむずかしいことです。自信とは、文字どおり自分を信じること、認めることからはじまります。自分を信じ、認めるためには「自分にもできるんだ」と強く思うことが必要です。

そう思うためにはどうすればいいのか、というのが、次にご紹介する「魔法のサクセスノート」なのです。

では、以下に手順を書いていきます。

【やってみよう！】「魔法のサクセスノート」づくり

1

どんなものでもいいですから、ノートを一冊用意します。

2

表紙に「サクセスノート」と書きます。

3

一行目に「昨日できたこと」を探して、「ひとつだけ」書きます。

4 これを毎日続けます。

いかがでしたか？

たったこれだけのことを続けることで、「サクセス＝できたこと」に目が向くようになります。

一日一行、一個だけですから、すぐに見つかりますし、努力も必要ありません。努力の必要がないので、続けることができます。

するとまた、これを「続けられた」というのも「できたこと」になるのです。

「昨日できたこと」ですから、いますぐはじめられるのもメリットです。

たとえば、「その日一日のできたことを書きましょう」となれば、その日の終わりまで待つことになり、その時点でやる気がさめていたら、初日から続きません。

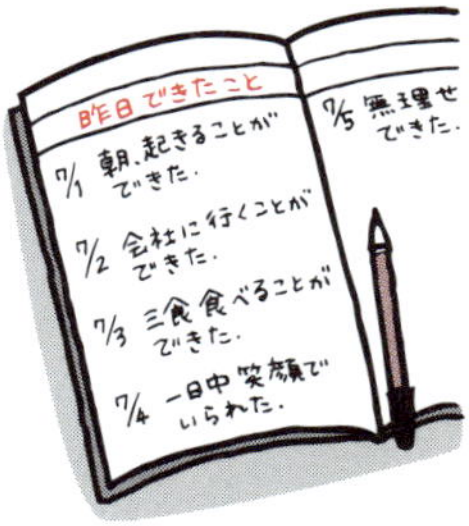

いますぐはじめられるのが「サクセス（できたこと：成功）ノート」なのです。

最初は戸惑うかもしれません。また、なかには「私には『できたこと』なんてなにもない……」と思う方もいます。

そんな方は、次にあげるような、ほんのささやかな「できたこと」から探してみます。

●朝、起きることができた
●会社に行くことができた
●三食食べることができた
●一日中笑顔でいられた
●無理をせず休むことができた

こんなことでもいいのです。

ささやかに思えることでも、一日を振り返ると、実は「できたことだらけ」なのです。それはひとつひとつの行動には必ずひとつひとつの「結果」がついてくるからなのです。

これを続けていくと、気がつけば一日中「できたこと」の「ネタ探し」をしている自分に気づくときがあります。そのうち、一日一個で止めておくこと自体がつらくなってきます。

そしてそのころには、「できたこと」「あるもの」に目を向けること自体が、「プログラム」としてあなたに定着していきます。

【実例】自分の子育てが間違っていたという罪悪感に苦しめられる

主婦の裕子さん（四六歳：仮名）は、お子さんの不登校に悩んでおられました。

最初にセラピーにお越しになったときには、「学校に行かない子どもに問題がある」と考えておられた裕子さんですが、何度か通っていただくうちに、自分の本当の気持ちに気づいていかれました。

「世間体が悪い」

「子どもが家にいると、自分の好きなことができない」

「立派に子どもを育てることで、自分も立派な母親だと認めてほしい」などというご自分の気持ちです。

それに気づいたことで、「本当の問題は自分にあったんだ」ということを認識されました。

それ以降は、お子さんを無理に学校に行かせるのをやめ、行かないお子さんの話を聞くようにしたところ、数日後、お子さんは学校に行くようになりました。

ところが今度は、裕子さん自身に異変が起こりました。

いままでは子どもが悪いと思っていたのに、自分に原因があったということがわかった直後からおそわれた、ひどい自己嫌悪でした。そして、いままでの自分のやりかたがすべて間違っていたことに気づき、自分の価値を否定されるような気持ちになってしまったのです。

そこで、そんなご自分を認める意味でも、サクセスノートをはじめることを勧めてみました。

最初はとても些細なことでした。

「今日もお弁当をつくることができた」

「掃除をすることができた」

からはじまり、

「子どもに文句をいいたいのを我慢できた」

「今日は一日笑顔で過ごすことができた」

と、徐々に進化していきました。

さらに、

「１００点でなくてもいいと思えた」

「他人や親に１００点を求めることをやめることができた」

という感じになってきたころに、大きく心が変化し、自信と同時に「認めること」「受け入れること」もできるようになっていきました。

そしていまは、ときどきノートを見返すことで、自分の「変化」「成長」に気づくことができ、いまではサクセスノートを卒業し、日々を楽しく過ごされています。

【解決のカギ】 小さな成果の積み重ねが大きな自信となる

この「魔法のサクセスノート」を続けていくことは、実は「成功体験の積み重ね」になります。大きな自信は、大きな実績や成果を上げることで手に入るのかもしれませんが、それは簡単なことではありません。

容易で、確実に積み上げられるものとするために、あえて小さなことを書き記すのです。

小さなことでも、続けてみれば積もってくるのがわかります。そして振り返ったとき、「私って、こんなにできることがあるんだ！」という自信が湧いてきます。

さあ、あなたもいますぐノートを用意してください！

セラピー
5

心のブレーキをはずす（その1）

セラピー5ではまず、葛藤で身動きが取れなくなっている状態を解消し、進むべき道を見いだすためのセラピーをします。

「～をしたいけれど、できない」「～になりたいけれど、なれない」といった葛藤は、だれにでも経験があるのではないでしょうか。そして、思いどおりに動けない自分にうんざりしたり、イヤになったりしてしまうことはありませんか。

私たちの心のなかには、前に進もうとする「パート」と、それを止めようとする「パート」があります。それらは、両方とも間違いなくあなたのものです。

相反するように見える二つの心が、どちらも同じ「目的」をもっている場合があります。同じことを考えているのに、違うことをしようとしてしまう心の動きは、あたかも小学生の男の子が、仲よくしたい女の子に、意地悪をしてしまうようなものです。

では、その矛盾を解消するためにはどうすればいいのでしょうか。

「やりたいが、できない」のだとすれば、「できない」心を悪者として、無視したり、なくせばいいと思ってしまいますが、そう簡単にはいきません。

「心」も「人」の場合と同じく、無視したり、なくなればいいと考えることで、ますます意固地になってしまうのです。

これを解決するためには、どちらかを優先させたり、切り離したりするのではなく、ひとつにしてあげることです。「したい」も「できない」も、目的は同じなのですから。

ただ、あなたにとって「できない」のやりかたが気に入らないだけなのです。

「できない」は、あなたが失敗したり嫌な思いするのを防ぐために、がんばってあなたを守ってきてくれたのかもしれないのです。

では、その「したい」「できない」をひとつにして、葛藤を解消していきましょう。

ここでは、〔セラピー3　心の「核」を探す〕の「時間軸」を使って、「核となる出来事」が特定できた場合と、特定できなかった場合の、二通りの解決方法をあげてあるので、必要に応じて試してください。

まず、過去のつらい記憶を映像としてイメージします。

それを、あなたにとって心地よい映像に書き換える、もしくは消してしまうことで、つらい経験を精算し、過去を手放します。

では、以下にその手順を書いていきます。大切なのは「第三者として、過去の出来事を客観視する」ということです。

【やってみよう!】「核となる出来事」が特定できた場合1

1 過去のイヤな出来事を思い出してください。
そのときの自分に会いにいきましょう。

2 何歳ぐらいの出来事でしたか?
どこですか?
ほかにだれがいますか?

3 どんなことが起きていますか?
あなたはそのときどうしましたか?

4 本当はそのとき、どうしたかったのでしょう?
なにを我慢したのでしょう?

5 そのときあなたは、なにを決めたのでしょうか？

6 今度は「相手役」に近づいて「どうしてそんなことをしたの？」と聞いてみます。
当時の「相手」は何歳ぐらいですか？　いまのあなたとどのくらい違いますか？

7 さて、いまのあなたなら、その場面でどのように対処しますか？
どんなことをいいたいですか？

8 そのころの「自分」にアドバイスしてあげてください。

9 さて、いまのあなたなら、その場合でどのように対処しますか？
どんなことをいいたかったですか？
いえなかったセリフを、いま口に出してつぶやいてみてください。
（できるだけ汚い言葉で）

10 同じ場面からスタートして、新しい行動をしている自分をイメージしてみてください。

11 その行動で満足できましたか？

12 満足できたのなら、次に、その「自分」のなかに入ってみます。

13 そして、今度は満足した場面を「自分の視点」で実際に手足を動かして「体験」してみてください。
そのときにいいたかったことを実際に口に出していってみてください。

14 では、もう一度、そのイヤな場面を思い出してみてください。
同じ出来事なのにずいぶんと印象が変わっていませんか？

15 これを、イヤな思い出を思い出すたびに、何度も繰りかえしてください。

いかがでしたか？

あなたの「パートというプログラム」は、繰りかえし組み込まれた「習慣」です。新しいプログラムとしてインストールするためには、何度も繰りかえして「習慣」として組み込んでいきましょう。

実は、「記憶」とは「事実」を正確にとどめているものではありません。

あなたが感じた「印象」どおりの記憶となり、脳に収納されています。つらい内容はよりつらく、美しい内容はより美しく記憶されているのです。過去のことは時間がたつほど記憶が薄れていきますが、「忘れたくない記憶」は、自分でその記憶の輪郭をなぞって上書きするのです。忘れないために。そして、上書きする際に、ついでに少し濃い目に書いたりします。怖い出来事はより怖く、悲しい出来事はより悲しく書くのです。

つまり、「事実」のうえにあなたの「感情」を加え、保存しているのです。ですから、その「記憶」がつらいままだと、それが「パート」となって見るもの、聴くもの、感じるもののすべてに、つらい反応パターンが起こってくるのです。

イヤな思い出を思い出すたびにこのエクササイズを繰りかえしてみてください。

この方法は、ＮＬＰという心理学の恐怖症（トラウマ）治療に効果のある方法を、実際のセラピーの現場にあわせて組みあげたものです。

【実例】中学時代に「友人」から受けたいやがらせ

著者である私は、中学一年の下校時に、いままで「友人」としてつきあっていた人たちからいやがらせを受けました。

まだ幼い時分のことですから、いやがらせをしたほうも遊び気分だったのかもしれません。しかし私は、そのことでひどく傷つき、以来、友人に裏切られるのが怖くて、できるだけ友人関係を築かないようにしてきました。

しかし、社会生活を営むうえで、また会社という組織のなかで暮らすには、あまりにも寂しすぎるということで、人づきあいがよくできればと思い、この心理療法を試してみました。

そして、この記憶から事実と感情を切り離すワークを試してみたところ、いやがらせを受けたということが、自分の過剰な思い込みであったということや、いまの自分ならどんなふうに対応できるのかということがわかったことで、そのつらい記憶に対するイメージが大きく変わりました。

いまは私は自分から声をかけて、多くの友人に囲まれて楽しく過ごしています。

【解決のカギ】　過去の出来事への印象を変え、今後の反応も変える

この場合は、人間関係を映し出すレンズに傷がついてしまったのです。

その傷を守るようにしてできたかさぶた（プログラム）が、大きくなってからも、人間関係を築こうとすると「反応」してしまい、つらい感情がよみがえって、関係を止めてしまうという、「無意識の」行動に出ていました。

でも、その「人間関係を怖がるパート」を「怖くないパート」に変化させたことで、いまの目の前の出来事に対する「反応」も変えることができたのです。

パートを替えるためにも、一度、「自分の目線での場面」から「自分が出演している場面」、つまり自分のなかから抜け出し、自分の「姿」を客観的に見ることが必要です。

セラピー 5

心のブレーキをはずす（その2）

「核」となる出来事が特定できると、さまざまなことに気づきはじめます。

そのひとつが「そのとき、いいたいことをいえなかった」ということです。そして、いえなかった「言葉」や、出せなかった「感情」を飲み込んだままになっているのです。

その感情を、「本当は相手にわかってほしい」、でも「いえない」、だから「態度」で示すことによってわかってもらおうとするのです。

そうなのであれば、いまからでもいいからその「感情」を「吐き出す」必要があります。

そのことによって「わだかまり」「いやな感じ」が溶けていくのです。

【やってみよう！】「核となる出来事」が特定できた場合２

1 それはどんな出来事ですか？

2 あなたはそのとき、どんな言葉を飲み込みましたか？

3 そのとき、いわなかったこと、いえなかったことはなんですか？　なにを強く思いましたか？

4 あなたは、その出来事を通じて、なにを決めましたか？

5 あなたは、だれかにすねていませんか？

6 あなたは、だれかに意地を張っていませんか？

7 あなたは、なにかに対していじけていませんか？

いかがでしたか？

過去の「核となる出来事」を体験したときに「いえなかったこと」「伝えられなかったこと」がある場合、心が「すね」ます。「どうせ」「だって」と、言葉ではいえないので相手に察してほしくて「態度で伝えよう」とするのです。

でも、一度「すね」てしまうと、素直にいえず、素直に喜べず、どんどん自分の感情を殺していきます。それが心のブレーキになってくるのです。

【実例】親に「いえなかったこと」が、親に「すねる」につながる

真理さん（三七歳：仮名）は、子どものころに両親から勉強や塾やピアノなどを強要され、少しでも成績が悪いと、ひどくののしられて育ちました。

そのような経験を通じて、反抗することも許されなかった彼女は、「笑わない」と決めました。

いいことがあっても、優しくされても、楽しいことがあっても「絶対に笑わない」と。そして、そのように勉強することで幸せになれるんだと信じるご両親に対して、「そんなことはない」と証明するために、仕事を転々としてみたり、いつまでも結婚せず、女らしい格好もしませんでした。でも、そんなふうに「決めたこと」は、すっかり忘れていました。

今回の質問を通じて彼女は、自分が「親にすねている」「強烈に意地を張って

いる」ことに気づいて愕然としました。でも、その「すね」をやめることで、いまはじめて幸せに向かって歩きはじめています。

【解決のカギ】 自分がすねていることを、勇気をもって受け入れる

この場合は、自分が「すねている」「意地を張っている」ということに「気づいた」だけでした。

でも、「気づく」ことで「意志の力でやめる」ことができるのです。「気づいた」ことで、それ以降は「あ、いますねようとしている！」ということに気づくようになります。それだけでもじゅうぶんな変化が現れます。

「すねている」のをやめるには、相当の勇気が必要ですが、その勇気によって彼女ははじめて自分の幸せを考えられるようになったのです。

セラピー5

心のブレーキをはずす（その3）

ここまで、「人の記憶はあいまいである」というお話をしてきました。それはつまり、「心のブレーキをはずす（その1、その2）」でやったように、「出来事が特定できないことはよくある」ということです。

実際のセラピーの現場でも、いくら出来事を探しても特定できない場合や、思い出せないことはめずらしくありません。

ほかにも、特定の出来事をあつかったにもかかわらず、問題が解決しない場合や、「習慣として埋めこまれたもの」の場合にも、出来事から解決することができません。

このように、「原因がはっきりわからない」ときには、イメージや潜在意識の力を借りるこの方法が効果的です。

またこれから紹介する方法は、イメージ力の強い方にとっては、大きな効果を発揮します。たとえば、自分の思考や意識を超越したような、まったく予想のつかない答えを見つけることもあります。

●【やってみよう！】心のブレーキがはっきりわからない場合

1

あなたの体のなかに「したい心（エンジン）」があるとしたらどこにあるでしょうか？　そしてどちらかの手のひらのうえに、「したい心」を取り出して、
乗せてみてください。
そして、そこに「したい心」が
乗っているとしたら、
どんな形や大きさ、色をしていますか？
重さや温度、手触りも感じてみてください。
そして「名前」をつけてみてください。

2

次に、その「したい心」に
「どうして、そうしたいのか」と、
その行動をすることによる「メリット」
を聞いてみます。

3

次に、もう片方の手に
「したい心を止めている心（ブレーキ）」を
体から取り出して乗せてみてください。
そこに「したい心」が乗っているとしたら、
どんな形や大きさ、色をしていますか？
重さや温度、手触りも感じてみてください。
そしてぴったりくる「名前」をつけてみてください。

4

そして、「止めている心」に、
聞いてみます。
「あなたは、そうすることで
どんなメリットがあるの？」
「あなたは、そうすることで
何を得られるの？」
多くの場合「不安を排除したい」
「よくなりたい」「認められたい」
「これ以上傷つきたくない」
というものが形を変えたものです。
つまり、あなたのためにやっていることが
多いようです。

5

そして、二つの手を近づけて、
「したい心」と「止めている心」を
直接話しあわせます。
そして、お互いが存在を認めあったら、
自然にひとつになっていきますので、
ぎゅっと祈るようにあわせてみます。

6

そして、こぼさないように
ゆっくりと開いてみます。

7

すると……「いまのあなたにとって
必要な新しいなにか」が生まれています。

8

今度は、それをよく観察してください。

大きさ、形、色、重さ、手触り……

などなど。

9

そして、その「新しく生まれたもの」

に聞いてみます。

「あなたはなにをするために生まれてきたの」

「あなたは私になにを伝えようとしているの」

10

答えが返ってくるのを待って、
「新しく生まれたもの」を自分の体に
入れてみます。

11

その「新しく生まれたもの」
の力を借りた自分が、
どんな行動をしているのか
イメージしてみます。

いかがでしたか？

このように、あなたにとってブレーキとなっている行動や現象にも、きっと「不安になりたくない」「傷つきたくない」「自分を守りたい」という「意図」が見えてきたのではないでしょうか。

「不安になりたくない」ということは、「安心したい・認められたい・愛されたい」ということです。あなたの心の光と影は一対で存在しているのです。

これは、「よくなりたい」と思う光の部分は、「不安を解消したい」という影の部分と常にバランスを取っているということです。よくなるための行動をどんどん進めていくと、気づかないところで「影」が成長しています。それは自分のなかで成長するのではなく、自分のまわりに影となって現れることがあります。

それらのバランスを取るためにも、ときどき、あなたの感じる、なりたい「光」と、ネガティブな部分「影」をあわせてみてください。

あなたの「長所（光）」と「短所（影）」や、「たてまえ（光）」と「本音（影）」、「私（光）」と「苦手なあの人（私の影）」など、片方を無視したり否定したりするのではなく、両方の存在を認めて統合してみてください。

【実例】 ほとんどお酒が飲めなかった理由

著者である私は、心理療法に出会うまで、ほとんどお酒が飲めませんでした。飲むとすぐに気分が悪くなったり、眠くなってしまうので、体質だと思ってあきらめていました。でもやはり、お酒が飲めたほうがいろんなメリットがあります。そこで、なんとかしたいと思ってこのセラピーを試してみました。

片手の上に「お酒を飲みたい心」を乗せると、「人づきあいが広がる」「おいしいものが増えるからうれしい」というイメージでした。

もう片方に「お酒を止めている心」を乗せると、「お酒が飲めないでいることで、苦手な人づきあいをしなくてすむじゃないか」というイメージが湧いてきました。

そうです。私が苦しい、つらい思いをしなくてすむように、私を「飲めなく」してくれていたのでした。

そこで、左右の手をあわせることで、まずはおいしいものだけ楽しむようにしよう、ということにしました。

そしていまでは「強い」というほどではありませんが、ほどほどにお酒をいただき、食事も会話も楽しめるようになったのです。

【解決のカギ】　対立するものが統合されることで、新しいものを生む

葛藤は、たいがいが相反するものです。しかし、相反するものはその多くが統合されていくことで新しいものを生みます。

プラスとマイナス、男と女、光と影、それらの究極のバランスが「統合」です。

葛藤しているケースは、ブレーキが強い場合や、ブレーキ・影を認めていない場合が多いようです。このワークのいちばんのポイントは、「ブレーキの声・目的をよく聞いてやる」ということです。あせらず、ゆっくりと時間をかけてみてください。

セラピー

5

心のブレーキをはずす（その４）

ここでは、葛藤の原因になっている「止めようとする心（ブレーキ）」がもっている失敗のイメージを塗り替え、成功のイメージを強くするセラピーをご紹介したいと思います。

「止めようとする心」がどこから出てくるのかといえば、「失敗したくない」という思いからです。つまり、変化することが怖いのです。そして、それを怖がっている時点で、「失敗したときのイメージ」を鮮明に思い描いているのです。

そのイメージが鮮明であればあるほど、恐怖は大きくなります。「成功するイメージ」の描けない人でも、失敗のイメージはありありと描けてしまうのが不思議です。

また、過去に同様の失敗体験がある場合は、その過去のつらさも重なって、イメージはより鮮明になります。

ということは、失敗をイメージをするから怖いのだとすれば、そのイメージを成功のイメージに塗り替える作業をすることで、恐怖は薄れていくことになります。

失敗のイメージをありありと描けるなら、うまくいくイメージもきっと描けるはずなのです。

では、以下に手順を書いていきます。

【やってみよう!】「予期不安」を消して一歩を踏み出す

まずは手にノック式のペンをもってください。

1 あなたがやりたいことで、
失敗している場面を
写真のようにイメージしてください。

2

次に「うまくいっている」場面を
同じように写真のように
イメージしてください。
失敗のときよりも、
もっとリアルにイメージします。

3

その「うまくいった場面」が
「しっくりくる」かどうかを
感じてみてください。
「しっくり」こない場合は、
あまり効果はありません。
「しっくりくる」まで
イメージしなおしてください。

4

では、ペンを
リモコンのスイッチのように使って
「カチッ！」と音をさせて
先ほどの失敗の場面と成功の場面を、
テレビのチャンネルを
替えるように入れ替えます。

5

もう一度、失敗の場面を
写真のようにイメージしてください。

6

その場面を、「カチッ！」の合図で
うまくいっている場面と入れ替えます。

7

これを何度も繰りかえします。

いかがでしたか？

この作業をするだけで、不思議なことに失敗のイメージが薄れ、不安が軽減されていくのがわかると思います。

これはＮＬＰの「スイッシュ」というテクニックを使った方法です。失敗するかもしれないイメージが浮かぶたびに、この作業を繰りかえしてみてください。

セラピー 5

心のブレーキをはずす（その5）

最後に、苦手な人とも仲よくなる方法をお話ししたいと思います。

あなたの行動を止めようとする心は、「苦手」という意識から来ることもあります。怖そうな人や、自分とはタイプが違う人など、苦手なタイプにもいろいろなケースがあります。

しかしそれは、目の前の人が苦手なのではなく、過去に体験した「核」が苦手となって、それを「再体験」しているだけなのです。

これらも潜在意識や脳の記憶のしくみを利用すれば、解消が可能です。

では、以下に手順を書いていきます。

【やってみよう！】苦手な人への苦手意識を薄らげる方法

1
まず、あなたの苦手な人を思い浮かべてみてください。
その人は、いまどのあたりに見えていますか？　上ですか、下ですか？
どのぐらいの距離に見えていますか？

2
その人のイメージ（見えている高さ）を、少し下げてみてください。
また、近づけたり遠ざけたりしてみながら、あなたにとって「苦手に感じない位置」を探してみてください。これだけでずいぶんと印象が変わると思います。

3
イメージのなかで、その人の肩に手をかけてください。
そして、その人の顔を笑わせてみてください。
ほら、だんだんと苦手意識が薄れていませんか？

4
「本当はいいたいこと」「フレンドリーなメッセージ」をイメージのなかで伝えて

みてください。

5 その人は、昔知りあっただれかに似ていませんか？　その人との間にどんなことがありましたか？

6 その「過去の苦手だった人」に対して、同じように遠ざけたり、下げたり、フレンドリーに接してみてください。

いかがでしたか。

「苦手」というものは、あなたがつくり上げた「イメージ」です。イメージは自由に書き換えることができるのは、これまでにお話したとおりです。これはＮＬＰという心理学の「サブモダリティ・チェンジ」という方法を活用しています。

さらにこの方法では、「集合的無意識」の考えかたを応用しています。

「集合的無意識」とは、心理学者「ユング」の提唱した考えかたで、人の無意識はすべてひとつの海のなかに浸かっているようにつながっているというものです。

つまり、このエクササイズの最中にあなたがイメージしたことは、相手にも届いているということです。もちろん、相手の意識にはのぼりません。しかし、相手の「無意識」は感じ取っているのです。


人間の行動の九〇パーセント以上は、意識で感じたことではなく、無意識に埋め込まれたプログラムによって「自動的に」動かされています。

つまり、この方法を使って苦手な人にフレンドリーなメッセージを伝えると、無意識レベルであなたから「フレンドリーなメッセージ」を受け取ることになります。

すると、どうなるでしょう。人の行動をコントロールしている相手の「無意識」が、あなたからの「フレンドリーなメッセージ」を受け取ったとしたら、相手の行動は「あなたにフレンドリー」になる可能性が高いのです。実際に私も、苦手な人に会うまえや、人前で話すまえ、はじめてのところに訪問するまえなどによく使う方法です。

この方法を使えば、いつも険しい相手の顔が不思議と柔らかくなっていたり、ときには、想像以上にフレンドリーに接してくれたりして、しばしば驚くことがあります。

しかし同時に、逆もありえるということを覚えておく必要があります。相手に届くのは、フレンドリーなメッセージだけではないということです。いくら顔でニコニコ笑って接していても、心のなかで、「こいつ、バカだな」とか「あんたなんて最低」なんて思っていると、そのイメージも相手に届いてしまうということです。

嫌いな相手の背中に向かって舌を出したら振り返って驚いたとか、嫌いな相手や苦手な相手、憎々しいと思っている相手から、意味もなく攻撃された経験はありませんか？　それは、あなたからの悪いメッセージを受け取った相手が「無意識」に動かされ、あなたに反撃してくるからです。

きっと相手も「なぜかわからないけど、あいつが嫌い」となるのです。

苦手な人は、実はその人が苦手なのではなく、これにも「苦手になった核」があるのです。「苦手な人」「苦手な言葉」には、必ず「核」があります。過去に同じタイプの人との間でなにかいやなことを体験していたりします。

その「核」を覆うように「かさぶた」ができていますが、目の前の人の苦手解消とともに、同時に過去の「核」が解消すれば、その「苦手」も消えていきます。

セラピー 6

形からはいる

「人は『自分は○○という人間（性格）だ』と思うことで、それを証明するようなふるまいを続けることになる」というお話を、第3章の「1　性格とは正しくは、『自分自身が思う自分の性格』」のところで述べました（74ページ）。

ここでは、あなたの「セルフイメージ」をもう一度確認します。

あなたは、自分のことをどんな人だと思っていますか？

あなたに、会社の肩書きではなく、人生の肩書きをつけるとしたら、どんなものがぴったりくるでしょうか。

わかりやすくいえば、「私は、こういう人です」ということです。

たとえば、

「私は人見知りをする人です」
「私は暗い人です」
「私は堅物です」
「私は天真らんまんです」
「私は不倫をする人です」
「私はいつも恋愛がうまくいかない人です」
「私はシングルマザーです」
「私は人に好かれない人です」
「私はつまらない人です」
「私は親から愛されなかった人です」

という感じです。さて、あなたの「肩書き」はなんでしょうか?

肩書きが思い浮かばないときは、自分の姿をイメージして、その表情を見てください。

どんな表情をしていますか、どんな姿勢やふるまいをしていますか。

そして、そのあなたにぴったりの肩書きをつけてみてください。

実はセラピーに来られる方に多い、共通の肩書きがあります。それは「私はだめな人なんです」というような意味の肩書きです。これはつらいですね。当然、性格を変えたくなると思います。

そしてうまくいかないときや、悪い状態のときは、その肩書きを「悪用」しています。

私は「曲がったことが嫌いな人間」だから、そんなことはできない（臆病）
私は「面白くない人間」だから、人前で芸なんてできない（恥をかきたくない）
私は「ダメな人間」だから、うまくいかない（失敗したくない）
私は「魅力のない人間」だから好かれず恋愛もできない（傷つくことを恐れる）

などと、できない理由を自分の肩書きに押しつけます。

そうすれば、うまくいかなくても理由になる。そうすれば、自分を磨く努力をしなくてすむのです。

また、そうすることで自分が傷つかずにすむのです。だから、自分を悪くいうことにも、きちんと「自分を守りたい」という意図があるのです。

人はこのように自分でつけた「肩書き」のとおりに行動します。

私はシングルマザーだから
私は片親だから
私は愛されずに育った人だから

なんていう不幸な肩書きをいつまでも乗せていると、いつまでもそのままです。

では、あなたは、どんな「肩書き」の人になりたいのでしょうか？

どんな肩書きの人なら、無理なく、ラクに生きていけるのでしょうか？

その理想の肩書きを考えてみてください。

優しい人
受け入れてる人

いつも元気な人
人生を謳歌している人
心の穏やかな人
おおらかな人
迷いのない人
器の大きい人
いつも笑顔の人

そして、

「その新しい肩書きを乗せた自分なら、どんな行動をとるだろうか」

「その新しい肩書きの自分なら、この場面でどんな判断をするだろうか」

と、「新しい肩書き」の形から入るのです。

すると、その肩書きの人に近づいていきます。その肩書きにあった行動が少しずつスタートするのです。

会社においても、課長の器だから課長になるのではなく、課長になったから、「課長」

という肩書きにふさわしい行動を取れるようになるという話も、第1章でお話ししました。

ここでひとつだけ注意したいのは、「なりたい自分」をイメージするときに、「仮面をかぶった自分」「人から見られたい自分」など「こうあるべき」という世間の価値観にあわせた自分をイメージしてしまうことです。

そうではなくて、

「自分らしい自分」
「無理をしていない〝個性〟の自分」
「なんの制限もなく、好きなことをやっている自分」

を、イメージしてみてください。最後に、そんな「人としての肩書き」「セルフイメージ」を書きかえる方法をご紹介します。

では、以下に手順を書いていきます。

【やってみよう！】セルフイメージを書きかえる方法

1 いまの自分の姿を思い浮かべてみてください。
どんな表情や立ち姿、口ぐせをしていますか？

2 その姿を見ながら、ぴったりの「肩書き」をつけてみてください。
「私は、＿＿＿＿＿＿＿＿＿＿＿＿＿＿＿＿＿な人です」

3 その姿を笑顔にし、姿勢を変え、使う言葉をいい感じにしてみてください。
「自分らしい自分」「無理をしていない〝個性〟の自分」「なんの制限もなく好きなことをやっている自分」です。

4 その姿を見てて、ぴったりな肩書きをいくつか、つけてみてください。

「本当の自分らしい個性の私は、＿＿＿＿＿＿＿＿な人です」

5 その肩書きと名前を、名刺のような紙に書いてみましょう。

6 その肩書きが「しっくりくる」まで、いろいろ選んだり考えてみてください。

7 最終的な肩書きを決めて書きます。

8 その新しい肩書きがついた自分に、目の前でいま抱えている問題を解決してもらいます。

9 その行動が満足いくかどうか確認し、満足するまで方法を変えていきます。

10 満足したら、今度はその新しい自分のなかに入ってみます。

11 なかに入って、今度は自分の目で見ながら、その行動を取ってみます。

12 では、その新しい肩書きの自分になるために必要な力や能力はなんでしょうか。書き出してみてください。

---

13 その能力を「過去の経験」からゆっくりと探してみます（必ずありますし、あなたは使っていました）。あなたにとっての「過去の方向」を意識すると、意識がゆっくりとバックします。すると、その能力を発揮していた場面が思い出されます。

14 その能力は、いま使わずに、体のどこにしまっているのかを探します。

15 その使っていないものの収納場所がわかったら、ゆっくりと解凍していきます。

16 電子レンジをイメージしてください。使わずに冷凍して保存していたものを、解凍して使えるようにしていきます。

17 チン！ という音とともに解凍が終わりました。さあ、ゆっくりとご自分の体に戻します。

18 ないと思っていたけれど自分のなかにあった力、使わなかった力が、使えるようになりました。

19 改めて新しい自分になって、イメージのなかでもう一度問題を解決してみましょう。

20 あとは「新しい自分」を演じることを日々の生活で意識することで、多くの行動が変わってきます。「新しい肩書きの自分なら、この場面ではどんな行動をしているだろう」このようなことを思い浮かべてみてください。

いかがでしたか。

いい肩書きは見つかりましたか？

必要な能力をもっていたことも「思い出せ」ましたか？

これからは自分がかぶっていたマイナスのイメージをもうやめて、新しい自分に「着替えて」ぜひ、新しい行動をとってみてください。

制服に着替えると気分が変わるように、新しい肩書きをいつもイメージしてみてください。

セラピー 7

自分の未来を想像する

ここでは、自分の未来を具体的に思い描いて、ゴールを定めるためのセラピーをします。

私はよく、セラピーにお越しいただいた方に、「いまの状態を10点満点で表すと何点ですか」という質問をします。これは直感で答えていただくのですが、実にたくさんの解決のためのヒントが含まれています。

また、これをもとにして現実の行動をすることで、「なりたい自分」に近づくための一歩を踏み出すことができるのです。

では、以下に手順を書いていきます。

●【やってみよう!】「なりたい自分」に近づく方法

1
あなたはいま、10点満点でいうと何点の状態ですか？　直感で○をつけてみてください。

10点　9点　8点　7点　6点　5点　4点　3点　2点　1点

2
では、その点数の「内訳」を書いてみてください（例：本を買うお金がある、健康である、ご飯が食べられる、親兄弟がいる……など）。

3
あと2点上がったとしたら、いまと違うどんなことをしていると思いますか？
また、もしも奇跡が起こって、ある日、お金や健康や人間関係の悩みがすべて解決したとしたら、あなたはいまと違うどんなことをしていると思いますか？

4
3で書きだした、「問題が解決した未来」にやっていることで、いますぐにでもできることに○をつけてみてください。
そして、それを手帳などに書いておいて、「いますぐ、簡単に」やってみてください。

まず1で、自分のいまの状態聞きます。どんなに状態の悪い人でも、1点や2点がつくことが多いようです。この点数をつけるときの「直感」が大切です。

続いて、2でその点数の内訳を聞くことで、「もっていないと思っているのに、実はもっている」ということに気づきます。
「すべて絶望」というときでも、「本を買うお金がある」「健康だ」「ご飯が食べられる」「仕事がある」「いま生きている」など、絶対になにかを「もっている」ということに、気づいてほしいのです。

悩んでいる人は、コップに水が半分入っているときに、「もう半分しかない」と悩みますが、これが「まだ半分ある」と、新しいものの見かたに気づくだけで、悩みが解消することもあるのです。

そして3では、さらに質問をします。

そこでは「奇跡が起こったら」という未来を想像してもらい、その「行動」も「想像」してもらうのです。できるだけ具体的に、その行動を箇条書きにしてみます。

その際、「こうしたい」という希望ではなく、「こうなっているだろうなぁ」という想像を書いてください。

現在から未来を見るのではなく、たとえば、タイムマシンに乗って未来に身を置き、未来の自分の行動を見て、「いまと違うところ」を探すように、です。

もしも人見知りがなおったとしたら……、

- **朝、三〇分早く起きてる**
- **朝ご飯を食べている**
- **朝、会社で自分から挨拶をしている**
- **お昼はだれかに自分から声をかけてる**

●いい言葉を使っている

などなど、たくさん箇条書きにしてみてほしいのです。

ここで大切なのは、「見てわかるように」表現するということです。

「いい感じ」「楽な感じ」というのではなく、「見てわかる」ということが大切です。

ビデオを観ているように想像してください。これを「ビデオトーク」といいます。


そして4で、実際の行動を変えてしまうのです。

「3で書き出した、いますぐにでもできること」は「いますぐ、できること」、つまり「いまの自分にできる新しいこと」なのです。


いかがでしたか?

たとえ小さな行動であっても、無意識に行なっていたことを「意識して変える」ことで、無意識の領域に踏みこんでいくことができます。これらの手順は、未来を動かし、理想の未来につながる第一歩となるのです。しかも、未来の自分がやっていることを「いま」はじめることで、未来から現在に向け、しっかりとつながるトンネルを両側から掘りはじめることになるのです。

たとえば1で、「現状は5点」と答えた人が、うまくいっている未来の自分と、現在の自分との違いを想像しているとします。そしてその人は、「いまは朝ご飯が食べられないが、いまより2点上がったなら、しっかりと朝ご飯を食べている」と想像したとします。

すると、しっかりと朝ごはんを食べることで、これからやってくる未来は「うまくいってる未来」に変わる可能性が高い、ということなのです。

でも、「いきなり朝ごはんを食べるのは無理かもしれない」と感じたなら、「では、朝ごはんが無理なら、なにができるか?」と考えてみます。

「できないこと」ではなくて「できること」を考えるのがポイントです。それはどんなに小さなことでもいいのです。

この場合だったら、「朝ごはんは無理なので、朝、ジュースを飲むようにする」に変えてみます。そのぐらいならできそうだと思いませんか？

このように、「いますぐ、簡単にできること」を探してみてください。

これが、未来を動かす、理想の未来につながる第一歩になるのです。

【実例】　ほとんど外出できなかった主婦が立ち直った

主婦の秀子さん（五一歳：仮名）は、ひどく落ちこんだ様子で私のところに見えました。なにをする気にもなれず、家事なども滞り、部屋のなかは散らかり放しだというのです。また、ほとんど外出もできないし、ご主人との関係も最悪で、そんなご自分をかなり責めておられる様子でした。

彼女に現在の点数をおうかがいしたところ、たったの2点でした。しかし、私が見る限りどん底の状態の彼女でしたが、「2点もある」というのが本人にとっても驚きでした。

2点の内訳をお聞きすると、しばらく考えたあと、「ここに生きて来れている」「子どもたちは元気である」ということが理由でした。それに気づかれた時点で表情は少し穏やかになりました。

さらに、「では、もしあと2点上がったとしたらどんなことをされていると思いますか？」とおうかがいしたところ、しばらくイメージされたあと、「前から気になってたヨガの教室に通ってると思います」とおっしゃいました。

そこで「では、すぐにヨガの教室に通われるということはできそうですか？」とお聞きしてみると、少しためらわれた様子でしたので、「では、ヨガの教室のパンフレットを取ってくるというのはいかがですか？」と提案してみると、「それぐらいならできそうです」とのことでした。

私はそれを課題としてお願いしました。

ところが翌日、早速メールをいただきました。そこには、

「ヨガの教室に通うことにしました！」

と書かれており、驚きました。

パンフレットをもらいに行ったときに、たまたまそこのインストラクターに声をかけられて、当日にそのまま見学され、そしてそのまま申し込んでしまったということでした。

そしていままでは、ヨガの教室に通いながら、外出もできるようになり、そのために家事も少しずつ進んできたということでした。

【解決のカギ】 ちっぽけな行動があなたを大きく変える

今回の例のように、「自分で行動した」ことが、解決へとつながっていくのです。これはまぎれもなく、「自分の力」「自分の行動」が未来を変えたのです。

この手法は「スケーリングクエスチョン」と「ミラクルクエスチョン」という心理療法の手法を使っていますが、まさに自分で「ミラクル（奇跡）」を起こすことができたのです。

逆に、同じ手法を使ったとしても、「ほんとかな」「そんな簡単なことで変わるはずがない」と思って行動しない人には、なんのミラクルも起こりません。

最終的には、それがたとえちっぽけなものであっても、「行動」が必要なのです。逆に、その「行動」は、小さければ小さいほどいいのです。それは「できる」からです。

「できないこと」を無理してやるのではなく「できることからはじめる」ことの大切さを実感してください。

望ましい未来にしているであろう行動のなかから、「いまできることをやる」、という方法です。これを「解決志向」といいます。逆に、物事の原因、たとえばあなたの性格がつくられた原因を深く探っていくことを「原因志向」といいます。いままでのカウンセリングの流れはこちらでした。私は両方を使っています。

話は戻りますが、「望ましい未来にしているであろう行動のなかから、いまできることをやる」ということを考えたとき、なりたい性格になったあなたの未来の口ぐせはなんだと思いますか?

きっと、「ツイてる」「感謝してます」「ありがとう」「うれしい」「楽しい」「幸せ」なんていう言葉だと思います。

逆に、いまの状態が続けば、未来の口ぐせはなんでしょう。また、いまの口ぐせはなんでしょう。「許せない」「あの人が悪い」「やってられない」「もういやだ」「運が悪い」……など、ネガティブなものではないでしょうか。

賢明なあなたは、「いい言葉」を使えばいいことが起こるという公式が、ここで成り立っていることに気づかれるかもしれません。

使う言葉によって、未来は変わってくるのです。

まずは「できることだけ」やってみよう!

ここまでお話ししたようなことを、実際のセラピーの場面でもクライエントにお話しすることがあります。しかし、「できない」「私にはむずかしい」といい続ける方がいます。

そんな方は、「できないこと」を考えるプログラムが染みついています。その場合は、いろいろなエクササイズを通じて、「できること」を探していきます。

「できない」「むずかしい」を連発する人には、

「どんなことならできそうですか?」

と、おうかがいしています。「いまのあなたにできること」です。

できないことを聞いているのではなく、「できること」を聞いているのです。

どんなにちっぽけなことでもかまいません。あなたの問題や性格を変えていくことに、直接関係のないことかもしれません。でも、その小さなことさえ、いままであなたはしてこなかったのです。ここでも、第５章で紹介した「魔法のサクセスノート」は効果的です。

その小さなことを「意識的」に行なうことによって、無意識に行動していたパターンの、「うまくいかないパターン」を崩すことができるのです。

おわりに

学校では教えてくれないこと

ここまでご紹介したような心理療法を試していくうちに、私は「性格を変える必要はないのではないか」と考えるようになりました。もしかしたら、性格を変えるのではなく、「いまの性格のままでいいんだ」と思えることが大切なのかもしれない、そう思ったのです。

ないものねだりを続けるのではなく、いまここにあるその性格を使いこなし、その意味を考えるほうが、幸せになるのに必要なことなのではないでしょうか。

性格の光の部分だけを追いかけるのではなく、性格の影の部分も嫌わず受け止めるということです。

自分の性格に思い悩んだときに「ま、いっか」「しかたないね」「こんな自分なんだ」

と受け入れることが、自分の影である部分「弱いところ」「ダメなところ」を抵抗せずにあきらめて受け容れることになるのです。

そのために、学校では教えてくれない、今回紹介した心理療法があるのです。

そうなると、まわりの人も実は同じようなことで悩んでいたり困っていたりすることがわかってきて、同時にまわりの人の優しさを強烈に感じることができるようになったのです。

性格を変えるということ

この本を手に取っていただいたあなたはきっと、いまのご自分の性格になんらかの不満をもっていたり、もしくは逆に、自分の本当の能力がどこかにあるはずだということを感じていたりするのではないかと思います。

それは「なりたい性格」「ほしい能力」を求め、「いまの性格」を否定し、影として消し去りたいという思いかもしれません。「いまの性格」を否定して、影を光に「変えよう」としているのです。

性格を変えるということは、いまの性格の存在を認めたうえで、新しい物事への反応パターンを新たに手に入れる、もしくは思い出す、ということなのです。そう「変身」ではなく「追加」なのです。

黒い性格を取り出して、白く塗り替えるのではなく、黒い性格をそのままにしておいて、新たに白い性格を手に入れる、ということなのです。「両方、ある」のです。

光と影の法則

しかし、あなたの「自分の望む性格になりたい」といういまの気持ちは、「光」の部分「だけ」に焦点を当てようとしているのです。あるモノに強い光が当たると、その裏側には必ず影ができます。

単純ですが、これが「光と影の法則」です。光だけ、影だけ、ということはありません。常に二つが同時に存在します。

あたりまえかもしれませんが、人は「光の部分」つまり、長所や楽しそうな部分ばかりを求めがちになります。そしてそのとき、「影の部分」を否定することが多いようです。

性格も同じです。「この性格を変えたい」と思うときには、この性格を「影」として否定して、排除して「光」だけを強く追い求めてしまいます。するとと皮肉なことに、どんどん「影」も大きくなってくるのです。自分でつくりだしているといってもいいかもしれません。

「影」も自分の一部なのです。その自分の一部を否定することで、自分の中に「分裂」が起こります。そして分裂したものは「葛藤」しはじめるのです。

自分のなかで否定した影は、苦手な人やよくない出来事となって、あなたの前に現れます。「自分の影を認めてくれ」と訴えにくるのです。そうです、あなたの目の前の苦手な人は、あなたの否定している影なのかもしれません。

私自身、性格を変えたいと思い、心理療法の門を叩いた経験者です。実際に受けて感じたことは「ものの見かたを変えるだけだった」ということです。

私たちは、ほとんどのことを「思い込んで」います。だから、ものの見かたを変え、過去に対する解釈を変え、勇気を出して自分の弱さに向かいあい、影を否定せずに認めることで、自分のなかの「価値観の器」が広がるのです。

そこには、いままで抑えてきた数多くの「感情」たちがいました。

自分の弱さや過去の失敗、されてつらかったこと、いえなかったことなどのネガティブな感情たちです。

その「感情たち」を閉じ込めていた殻からの叫びが、自分自身を苦しめていたのです。

その「恥ずかしさ」「つらさ」「怒り」「悲しみ」「憎しみ」というネガティブな感情たちの叫びに逃げずに向かい、その声に耳を傾けることではじめて、その感情たちが自分のことを守ってくれていたということに気づくことができたのです。

その感情たちを嫌い、無視して押し込めたり変えようとしたり、排除したりその殻に閉じこもることで、自分のなかにあった、生き生きとした「楽しい感情」「やりたい気持ち」までも閉じ込めてしまっていたのです。

そして、ネガティブな感情・思いを勇気をもって表現することではじめて、喜びや楽しさという感情も開放することができたのです。そうしてはじめて、自分とは違う価値観、他人の弱さ、自分の弱さ、喜びや愛情のすべてを受け入れることができるようになるのです。

すると大きな心の平安が訪れます。これが「I'm OK, You are OK.」「We are OK.」なのです。

そのためにもっとも大切なのが、いまの状態、性格を「まずは否定しない」ということなのです。

「好きになってください」とはいいません。

最初は「自分のなかにいてもいいよ」「じっとしててね」程度でもいいのです。

「どうか、あなたのいまの性格を否定しないであげてください」

今回紹介した心理療法は、このように「新しいものの見かた」「思い込み」「勘違い」というものに気づき、自分のなかの感情を表現するきっかけを与えてくれるものなのです。

最初のほうで、「この本に書き込みをしてほしい」とお伝えしましたが、「書き出す」という作業は、とても大切です。「書き出す」ことによって、抱えている性格や問題点を「第三者として眺める」ことが可能になるからです。

出会えたすべての人に感謝を

そもそも私がこの世界に進むきっかけとなったのは、当時の家族との間に起こった大事件でした。

その事件の直後に出会った、『成功者の告白　5年間の起業ノウハウを3時間で学べる物語』（神田昌典著、講談社）という本によって、自分のなかの価値観が一変しました。すべての原因・責任は自分にあったのだということに気づかされたのです。

その後、日本一の大金持ちといわれる「斎藤一人」さんの著書を読んだり、ご本人との出会いによって、少しずつ少しずつ心が溶けていくのを実感しました。使う言葉を意識して変えたことが大きかったのかもしれません。

それでもまだ、最後のところが腑に落ちていなかったときに出会ったのが、株式会社イメージワーク　メンタルサポート代表の、矢野惣一さんが書かれた心理療法の本、『自分をあきらめないで。絶対上手くいく!――超簡単!夢が無理なく実現する魔法の〝イメージング法〟』（三笠書房）でした。

そして私は心理療法に出会い、こんなに心が変わる・楽になる方法をもっと広めたいという思いで、それまで二〇年近く勤めていた佐川急便の本社マネージャーという職を離れて、この世界に入りました。そしてブログやメールマガジン、無料レポートなどをインターネットで公表し、心理療法のすばらしさを広める活動を続けていました。

そんな折に、中経出版の川金正法氏と出会い、本としてより多くの方の目に触れることができたのです。

このほかにも、フォトリーディング（尽力舎、山口佐貴子さん）、ＮＬＰ（株式会社ジーニアス・ブレイン、芝健太社長／ＮＬＰ日本コミュニケーショントレーナー協会、椎名規夫代表）、ソース（株式会社ファインネットワールド、赤木代表／朝比奈福社長）などの、数多くの自己開発ツールを習得しながら、すべては紹介できませんが、さまざまな世界のプロフェッショナルや友人たち、とりわけ少林窟道場の井上希道老師、濱田義之さんに出会えたことを感謝しています。

そして、二〇年近くお世話になり、自分の仕事のスタイルや基礎能力、企画力や実現力を鍛えていただいた佐川急便株式会社のみなさんに感謝しています。

このテーマで本を出版するという話をいただいてから、現在まで、実は約二年が経過しています。

その間に、新たなつらい出来事や、そして新しい出会いを通じてさらに学んださまざまなことを今回の著書に新たに書き加えてきました。本当に感謝しています。

最後に、なによりも体を張って私にきっかけを与えてくれた子どもたちや、当時の妻に感謝します。

すばらしい出会いがあったからこそ、ここまでたどり着くことができました。

そして私が過去にしてきたこと、これらを自分のなかで否定するのではなく、それらに感謝することで、同じような思いで苦しんでいる方たちの力になりたいと思っています。

著者

〔著者紹介〕

心屋　仁之助（こころや　じんのすけ）

セラピスト。京都を拠点にして心理療法・NLPを取り入れた独自手法でのセラピーを行うかたわら、東京・京都などでセミナー活動を展開している。NLPマスタープラクティショナー。

ある大手企業の管理職として働いていたが、家族に起こった事件がきっかけとなり、心理療法を学び始める。その過程で自身の性格が変容していくことに気づき、心理療法を世に広める必要性に目覚める。それが原点となり『性格改善』を専門とした現在の活動をスタートし、独自開発のその手法は、開業後わずか二年で毎月のセラピーの予約が取りにくいほど盛況している。メールマガジン『たった一言！あなたの性格は変えられる！』は、２万人を超える読者に支持されている。

著者のホームページは、http://www.kokoro-ya.jp/

本書の内容に関するお問い合わせ先
中経出版編集部　03(3262)2124

性格は捨てられる　（検印省略）

2008年７月20日　第１刷発行
2013年２月26日　第11刷発行

著　者　心屋　仁之助（こころや　じんのすけ）
発行者　川金　正法

発行所　㈱中経出版
〒102-0083
東京都千代田区麹町3の2 相互麹町第一ビル
電話　03(3262)0371（営業代表）
03(3262)2124（編集代表）
FAX　03(3262)6855　振替　00110-7-86836
ホームページ　http://www.chukei.co.jp/

乱丁本・落丁本はお取替え致します。
DTP／マッドハウス　印刷／新日本印刷　製本／三森製本所

ISBN978-4-8061-3078-9　C0011

本書をご購入いただいたお客様への重要なお知らせ

この書籍は「中経出版ネット書籍サービス」を無料でご利用いただけます。

当サービスのご登録・ご利用は本書のご購入者本人しかできませんので、ご注意下さい。

ネット書籍サービスとは。

「中経出版ネット書籍サービス」とは、お買い求めの本書と同じ内容の電子書籍（弊社ではネット書籍と呼称しています）を、インターネットを通してパソコン上でもお読みいただけるサービスです。特別な場合を除いて、CD付きの書籍はその音声を、DVD付き書籍はその映像もすべてパソコンで視聴できます。**本書を携帯できない場所（国内外出張先、旅行先、職場等）でも、お手元にインターネットに接続できるパソコンがあればいつでもどこでもご覧いただけます。**

あなただけの本棚をご用意します。

「中経出版ネット書籍サービス」にご登録されると、**サイト内にあなただけの「マイ本棚」をプレゼントします。**今後、弊社刊行の「ネット書籍サービス対応」と記した書籍をご購入いただきますとすべてあなたの「マイ本棚」に収納されます。

中経出版のベストセラーがネットで読める。

弊社では、弊社刊行の好評書籍を順を追ってネット書籍化（ネットエディション版）しています。ご希望の**ネット書籍が当サービスを通してお求めいただけます（有料）。**お求めいただいたネット書籍はあなたの「マイ本棚」でいつでもご覧いただけます。

ご登録・ご利用は無料です！
本書を必ずお手元において下記サイトにアクセスして下さい。

▸▸▸ https://ssl.chukei.co.jp/nbs/

中経出版のホームページからもアクセスできます。

ISBN 978-4-8061-3078-9　**登録No.** 2k1a1dV11Vu

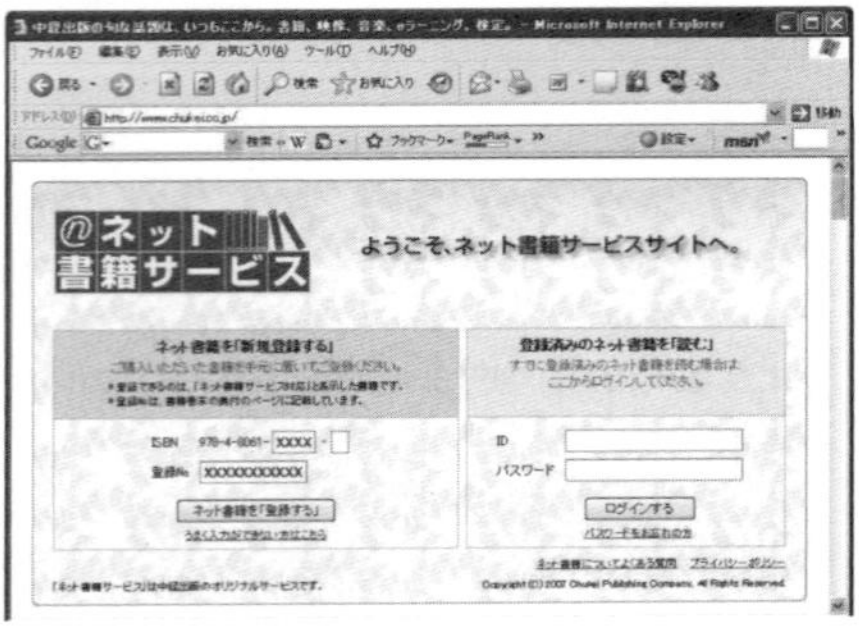

推奨環境

- Microsoft Internet Explorer5.5x以降
- Netscape6以降
- Windows、MacともにFlash Player8.0以上がインストールされていること
- ADSL以上のインターネット接続環境

＊著作権保護の観点から、登録No.は1冊1冊すべて異なります。登録できるのはご購入いただいたお客様ご本人だけです。できるだけお早くご登録下さい。

＊次のような場合には登録できません。
●中古書店で購入された場合などで、すでに前の所有者が登録されている。●会社で購入された場合などで、すでに会社の購入担当者が登録している。●本書を図書館で借りた。●本書を友人、知人から借りた。●本書を購入していない。などの場合。

＊「中経出版ネット書籍サービス」は、中経出版のオリジナルサービスです。

＊「中経出版ネット書籍サービス」に関するお問い合わせは、メールでお願いします。電話やFAXでのお問い合わせにはお答えできません。

お問合せ先　**netshoseki@chukei.co.jp**